Armando Barraza

Por que nosotros los seres humanos, nos inclinamos a hacer el mal?

Armando Barraza

Por que nosotros los seres humanos, nos inclinamos a hacer el mal?

Nos inclinamos a hacer el mal

JustFiction Edition

Imprint

Cover image: www.ingimage.com

Publisher:
JustFiction! Edition
is a trademark of
Dodo Books Indian Ocean Ltd. and OmniScriptum S.R.L publishing group

120 High Road, East Finchley, London, N2 9ED, United Kingdom
Str. Armeneasca 28/1, office 1, Chisinau MD-2012, Republic of Moldova, Europe
Printed at: see last page
ISBN: 978-613-9-42707-9

¿Por qué nosotros los seres humanos, nos inclinamos a hacer el mal?

¡Y porque no, hacemos el Bien!

(1 de Corintios: Capitulo 5: versículos 7,8)

(1 de Juan. Capítulo 4: versículo 7)

(Analogías Metafórica.)

Autor. Armando Barraza Cuellar.

Capitulo uno.

¿Por qué nosotros los seres humanos, nos inclinamos a hacer el mal?

¡Y porque no, hacemos el Bien!

(1 de Corintios: Capitulo 5: versículos 7,8)

(1 de Juan. Capítulo 4: versículo 7).

Resumen.

¿Por qué nosotros los seres humanos, nos inclinamos a hacer el mal?

En la Biblia nos habla en 1 de Corintios. Capítulo 5: versículos 7, 8 así. Limpiaos, pues, de la vieja levadura, para que seáis nueva masa, sin levadura como sois; porque nuestra pascua, que es Cristo, ya fue sacrificada por nosotros. Así que celebremos la fiesta, no con la vieja levadura, ni con la levadura de malicia y de maldad, sino con panes sin levadura, de sinceridad y de verdad.

Palabras clave.

Limpiaos, Cristo, vieja levadura, malicia, maldad, levadura de sinceridad y de verdad, sacrificada, nosotros.

Introducción.

¿Por qué nosotros los seres humanos, nos inclinamos a hacer el mal?

En la Biblia nos habla en 1 de Corintios. Capítulo 5: versículos 7, 8 así. Limpiaos, pues, de la vieja levadura, para que seáis nueva masa, sin levadura como sois; porque nuestra pascua, que es Cristo, ya fue sacrificada por nosotros. Así que celebremos la fiesta, no con la vieja levadura, ni con la levadura de malicia y de maldad, sino con panes sin levadura, de sinceridad y de verdad Limpiaos, Cristo, vieja levadura, malicia, maldad, levadura de sinceridad y de verdad, sacrificada, nosotros. **5:7. Nuestra pascua, que es Cristo.** Así como el pan sin levadura simbolizaba el ser liberado de Egipto mediante el sacrificio de la Pascua (Éxodo. 12: 15- 17), la iglesia también debe permanecer libre de levadura porque ha sido separada del dominio del pecado y la muerte por el Cordero perfecto de la Pascua, el Señor Jesucristo. Por ende, la iglesia debe arrancar de si todo el pecaminoso para separarse de la vida vieja, lo cual incluye la influencia de aquellos miembros que pecan y no se arrepienten. **5:8 celebremos la fiesta.** A diferencia de la Pascua del AT que se celebra cada ano, los creyentes celebran todo el tiempo "la fiesta" de la nueva Pascua que es Jesucristo. Como los judíos que celebran la Pascua usan pan sin levadura, los creyentes también celebran su Pascua continua a través de una vida libre de pecado. Cada ser humano tenemos tres cerebros, que son los siguientes: cerebro humano que es donde habita el espíritu- conciencia y todos los atributos para llevar una vida ordenada, sincera, sin hipocresía, sin vanidad, porque ahí habita el amor verdadero, el servid a los demás, u no ser servido, y además hay en él, la bondad, la fe, la benignidad, la sabiduría, la inteligencia, la consejería, el poder, y el conocimiento y sobre todo el temor al Dios Eterno.

Metodología sistemática.

¿Por qué nosotros los seres humanos, nos inclinamos a hacer el mal?

En la Biblia nos habla en 1 de Corintios. Capítulo 5: versículos 7, 8 así. Limpiaos, pues, de la vieja levadura, para que seáis nueva masa, sin levadura como sois; porque nuestra pascua, que es Cristo, ya fue sacrificada por nosotros. Así que celebremos la fiesta, no con la vieja levadura, ni con la levadura de malicia y de maldad, sino con panes sin levadura, de sinceridad y de verdad Limpiaos, Cristo, vieja levadura, malicia, maldad, levadura de sinceridad y de verdad, sacrificada, nosotros. **5:7. Nuestra pascua, que es Cristo.** Así como el pan sin levadura simbolizada el ser liberados de Egipto mediante el sacrificio de la Pascua (Éxodo.12:15- 17), la iglesia también debe permanecer libre de levadura porque ha sido separada del dominio del pecado y la muerte por el Cordero perfecto de la Pascua, el Señor Jesucristo. Por ende, la iglesia debe arrancar de si todo el pecaminoso para separarse de la vida vieja, lo cual incluye la influencia de aquellos miembros que pecan y no se arrepienten. **5:8 celebremos la fiesta.** A diferencia de la Pascua del AT que se celebra cada año, los creyentes celebran todo el tiempo "la fiesta" de la nueva Pascua que es Jesucristo. Como los judíos que celebran la Pascua usan pan sin levadura, los creyentes también celebran su Pascua continua a través de una vida libre de pecado. **1 de Juan .4:7 dice así: Dios es amor.** Amados, amémonos unos a otros; porque el amor es de Dios. Todo aquel que ama, es nacido de Dios, y conoce a Dios. **4: 7 amémonos unos a otros.** Esta frase en el versículo 7 es la clave para entender toda la sección (vea el versículo 21). El texto original transmite la idea de asegurarse de que el amor sea una práctica habitual. El apóstol ya ha escrito que quienes en verdad han nacido de nuevo exhiben a diario el habito característico del amor (cp. Juan. 2: 10, 11; 3: 14). **Todo aquel que ama, es nacido de Dios.** Aquellos que son nacidos de nuevo reciben la naturaleza de Dios (cp. 2 Pedro. 1:4). Puesto que la naturaleza de Dios se caracteriza en esencia por el amor (vea también. El v. 8) los hijos de Dios también reflejan ese amor. 3.

Cada ser humano tenemos tres cerebros, que son los siguientes: cerebro humano que es donde habita el espíritu- conciencia y todos los atributos para llevar una vida ordenada, sincera, sin hipocresía, sin vanidad, porque ahí habita el amor verdadero, el servid a los demás, u no ser servido, y además hay en él, la bondad, la fe, la benignidad, la sabiduría, la inteligencia, la consejería, el poder, y el conocimiento y sobre todo el temor al Dios Eterno.

Y tenemos el cerebro mamífero-hormonal y sexual y en el habitan: la semilla de la iniquidad, la envidia, la pereza cerebral y somática, el ego, el egocentrismo, las desviaciones sexuales, la discordia, y todos los problemas mentales que existen en cada ser humano de los cuatro vientos. Pero al parecer nos gusta que nos gobierno el cerebro medio que es la mente y ahí donde existe la guerra espiritual cada día y noche, y todos los trastornos mentales, psiquiátricos, que muchos seres humanos hombres y mujeres están hoy día en un hospital psiquiátrico, hasta sus últimos días de vida, que es una lástima, una tristeza y todo lo que se inclinan al mal. Hoy día son millares y millares de personas que están en esa condición.

Discusión.

¿Por qué nosotros los seres humanos, nos inclinamos a hacer el mal?

En la Biblia nos habla en 1 de Corintios. Capítulo 5: versículos 7, 8 así. Limpiaos, pues, de la vieja levadura, para que seáis nueva masa, sin levadura como sois; porque nuestra pascua, que es Cristo, ya fue sacrificada por nosotros. Así que celebremos la fiesta, no con la vieja levadura, ni con la levadura de malicia y de maldad, sino con panes sin levadura, de sinceridad y de verdad.

Imagen.

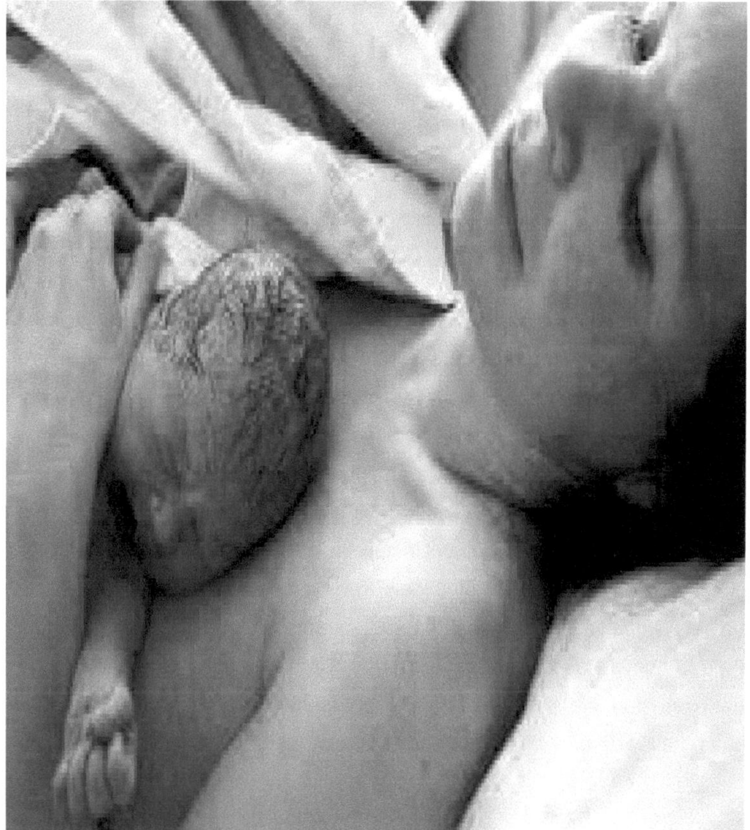

5.

Cuadro mental.

¿Por qué nosotros los seres humanos, nos inclinamos a hacer el mal?
En la Biblia nos habla en 1 de Corintios. Capítulo 5: versículos 7, 8 así. Limpiaos, pues, de la vieja levadura, para que seáis nueva masa, sin levadura como sois; porque nuestra pascua, que es Cristo, ya fue sacrificada por nosotros. Así que celebremos la fiesta, no con la vieja levadura, ni con la levadura de malicia y de maldad, sino con panes sin levadura, de sinceridad y de verdad Limpiaos, Cristo, vieja levadura, malicia, maldad, levadura de sinceridad y de verdad, sacrificada, nosotros. **5:7. Nuestra pascua, que es Cristo.** Así como el pan sin levadura simbolizaba el ser liberado de Egipto mediante el sacrificio de la Pascua (Éxodo. 12: 15- 17), la iglesia también debe permanecer libre de levadura porque ha sido separada del dominio del pecado y la muerte por el Cordero perfecto de la Pascua, el Señor Jesucristo. Por ende, la iglesia debe arrancar de si todo el pecaminoso para separarse de la vida vieja, lo cual incluye la influencia de aquellos miembros que pecan y no se arrepienten. **5:8 celebremos la fiesta.** A diferencia de la Pascua del AT que se celebra cada año, los creyentes celebran todo el tiempo "la fiesta" de la nueva Pascua que es Jesucristo. Como los judíos que celebran la Pascua usan pan sin levadura, los creyentes también celebran su Pascua continua a través de una vida libre de pecado.

Recapitulación.

¿Por qué nosotros los seres humanos, nos inclinamos a hacer el mal?

En la Biblia nos habla en 1 de Corintios. Capítulo 5: versículos 7, 8 así. Limpiaos, pues, de la vieja levadura, para que seáis nueva masa, sin levadura como sois; porque nuestra pascua, que es Cristo, ya fue sacrificada por nosotros. Así que celebremos la fiesta, no con la vieja levadura, ni con la levadura de malicia y de maldad, sino con panes sin levadura, de sinceridad y de verdad.

Me pregunto cada segundo de mi existencia: ¿Porque actuamos haciendo el mal, cada segundo de nuestra existencia, si nacemos con tres cerebros, y en el cerebro humano tenemos habitado la existencia del amor, del bien, es cuestión de decidir, cual cerebro va a actuar, pero debo decir, que si decidimos que actúe el cerebro humano, nos va a costar mucho, estar en pie, y ser éticos, ser incorruptible, en nuestro diario vivir, y aprender a decir No cuando hay que decir No, y eso nos trae muchos problemas inclusive hasta quedarnos solo en nuestro diario vivir, porque ser ético, e incorruptible ,cuesta mucho, hay ocasiones que hasta la vida cuesta. Es por ello, que la mayor parte de la población de los cuatro vientos mejor deciden a hacer el mal en toda su existencia aquí en la Tierra. Me pregunto: ¿Porque siempre nos inclinamos a hacer el mal? ¡Hay acaso algo tan fuerte, nos hacer que nos inclinemos a hacer el mal!, pienso que necesitamos porque en nuestro diario caminar, y reflexionar, meditar, y hacer una analogía metafórica, y preguntarnos: ¿Dónde está la clave, para iniciar un buen proceso, y reactivar nuestros atributos tan fuertes, que si sólidos, nadie, ni el hambre, ni la envidia, ni el coraje mucho menos el egocentrismo, no , nos va a ganar, porque el amor verdadero de nuestro Dios el Todopoderoso, es más fuerte porque lo espiritual es más fuerte que lo material y si lo creemos, pues vamos a triunfar y estar en el reino del Creador un día allá en el tercer cielo.

¿Querido lector(a) que dice respecto a: que la mayoría de la población de los cuatro vientos hacemos el mal?

Para contestar esta interesante interrogativa, que siempre se ha hecho el ser humano, a través de los tiempos, de la humanidad, cada ser humano nacemos con una Masa Encefálica, y en ella están tres cerebros juntamente, que es el cerebro humano, en el están todos os atributos que nuestro Dios el Altísimo, nos ha dado para poder defendernos de la maldad que reina en esta Tierra, y son: el amor verdadero, su misericordia, la benignidad, la templanza, la sabiduría, la inteligencia, la consejería, el poder, el conocimiento y la reverencia del Sublime, y además tenemos la decisión de decir un : No, cuándo hay que decir un no , y un Si, cuando hay que decir un sí, lo que sucede es que no lo practicamos día a día, choche a noche, y se nos olvida que tenemos todas las herramientas necesarias, para vencer todo aquello que nos hace tanto daño hasta el día de hoy, y es como un cáncer que se germina, crece y nos invade y nos destruye.

¿Cómo nos dejamos llevar por todo aquello que nos hace tanto daño, y lo hacemos?

¡Porque: No lo sé, pero así es, como que no, nos gusta trabajar, ser disciplinados, ser mas obedientes, ser sinceros, siempre nos vamos a lo más fácil y por ello, nos va siempre muy mal, esto quiere decir, que nos encanta la maldad, y después estanos llorando, y nos quejamos, que nadie nos ayuda, pues así ¡como! ¡Hay acaso algo tan fuerte, nos hacer que nos inclinemos a hacer el mal!, pienso que necesitamos porque en nuestro diario caminar, y reflexionar, meditar, y hacer una analogía metafórica, y preguntarnos: ¿Dónde está la clave, para iniciar un buen proceso, y reactivar nuestros atributos tan fuertes, que si sólidos, nadie, ni el hambre, ni la envidia, ni el coraje mucho menos el egocentrismo, no , nos va a ganar, porque el amor verdadero de nuestro Dios el Todopoderoso, es más fuerte porque lo espiritual es más fuerte que lo material y si lo creemos, pues vamos a triunfar y estar en el reino del Creador un día allá en el tercer cielo.

LA TIERRA GIME COMO
CON DOLORES DE
PARTO

Capitulo dos.

Todo ser humano de los cuatro vientos (tenemos una Masa encefálica que esta integrada por tres cerebros. (en ellos habita todos los atributos para dirigir nuestras vidas).

Resumen.

Todo ser humano de los cuatro vientos (tenemos una Masa encefálica que está integrada por tres cerebros. (en ellos habita todos los atributos para dirigir nuestras vidas). Ya depende de cada uno de nosotros, si desarrollamos poco a poco nuestro cerebro humano donde habita la conciencia, (el bien) el amor, la benignidad, la templanza, la fe, la sabiduría, la inteligencia, el poder, la consejería, el conocimiento y la reverencia al Dios el eterno, el servid a los demás, etc., etc.

Palabras clave. Amor, fe, consejería, poder, templanza, benignidad, inteligencia, conocimiento, reverencia. Eterno.

Introducción.

Todo ser humano de los cuatro vientos (tenemos una Masa encefálica que está integrada por tres cerebros. (en ellos habita todos los atributos para dirigir nuestras vidas). Ya depende de cada uno de nosotros, si desarrollamos poco a poco nuestro cerebro humano donde habita la conciencia, (el bien) el amor, la benignidad, la templanza, la fe, la sabiduría, la inteligencia, el poder, la consejería, el conocimiento y la reverencia al Dios el eterno, el servid a los demás, etc., etc. Amor, fe, consejería, poder, templanza, benignidad, inteligencia, conocimiento, reverencia. Eterno.

Tenemos un cerebro mamífero donde, en el habita (la semilla de la iniquidad).

Iniquidad. Significa, literalmente, injusticia, la condición de no ser recto, ya sea en relación con Dios, en base a su norma inamovible de justicia y santidad, o en relación con los hombres, en base a lo que el hombre sabe que es justo por su propia conciencia. En el Antiguo Testamento se señala la iniquidad como condición interna del corazón del hombre (Salmos. Capítulo 58 y versículo 2), aplicándose también el termino iniquidad a los actos injustos cometidos (Salmos. Capítulo 36 y versículo 12). Los miembros del hombre pecador son instrumentos de iniquidad (Romanos, capitulo 6, versículo 13).

Hoy día hay injusticia por doquier, personas inocentes que han sido culpables por la iniquidad, y pagan sin deber nada, se necesita la justicia divina, para que entienda las personas que usar la iniquidad para perjudicar a las personas inocentes. Pero la justicia divina llega a su tiempo, y entonces los culpables las pagarán por sus delitos inculpados y así los inocentes alimentarán de la justicia divina.

Metodología sistemática.

Todo ser humano de los cuatro vientos (tenemos una Masa encefálica que está integrada por tres cerebros. (en ellos habita todos los atributos para dirigir nuestras vidas). Ya depende de cada uno de nosotros, si desarrollamos poco a poco nuestro cerebro humano donde habita la conciencia, (el bien) el amor, la benignidad, la templanza, la fe, la sabiduría, la inteligencia, el poder, la consejería, el conocimiento y la reverencia al Dios el eterno, el servid a los demás, etc., etc. Amor, fe, consejería, poder, templanza, benignidad, inteligencia, conocimiento, reverencia. Eterno. Y el cerebro medial mamífero, hormonal y sexual en el habita la maldad, el egoísmo, la vanidad, el egocentrismo, el no sirváis a los demás, las intrigas, los chismes por doquier, lo sexual con sus aberraciones, y todo lo que concierne en lo incorrecto ante la sociedad, ante la familia, y ante Dios. Pues bien, hoy día, nos hemos desviado hacer lo incorrecto, y vamos rumbo a la Sima (abismo), es muy lamentable, pero es la triste realidad, no queremos a ver el bien, y me pregunto: ¿Por qué? Y me contesto no lo sé, creo que necesitamos ayuda de alguien, ese alguien es Dios el Eterno, el Misericordioso y Amoroso. Siempre ha sido así, si vemos la historia del hombre a través de los tiempos, veremos que existió, existen hombres y mujeres que no queremos cambiar, que nos gobierna el cerebro mamífero-hormonal y sexual en todos los atributos con la ambición y el poder mal fundamentado, y por ello muchas personas humilde, que viven en la miseria, hoy día, por culpa de hombres ambiciosos, que hasta matan por el hacer el mal fundamentado. Siempre ha existido un remanente de personas tanto hombres y mujeres niños, que están disciplinados, obedientes de la palabra de Dios, que nos lleva a un reino mejor, eterno esa es la promesa. Muy bien, estoy observando que este capítulo está muy interesante por ello, al terminar, este hermoso libro será útil para todo aquel o aquella que le gusta la lectura, para que se deleite en la lectura

Muy bien, sé que a través de la historia de la humanidad, ha habido siempre la iniquidad, injusticia por doquier, pero tarde o temprano todo aquel que usa la iniquidad, la pagara y muy caro.

Es muy lamentable y triste que, en toda la historia del hombre, siempre hemos querido estar con el cerebro mamífero- medial. Hormonal y sexual por diferentes intereses perosnals, grupal, hasta hoy dia, a pesar de que tenemos un cerebro humanom donde tenemos todos los atributos, para poder dirigir los dos cerebros restantes, pero, a pesar de ello, queremos caminar por el camino equivocado, y a sabiendas de que estamos mal, y seguimos, es muy lamentable pero así fue, así es, y claro que todo esto nos levara a un caos.

¡Qué piensa usted mi querido lector(a)! Porque seguimos así, a sabiendas que estamos mal.

Iniquidad. Esta en acción el misterio de la iniquidad que culminara con la llegada de "aquel inicuo" (2 de Tesalonicenses, capítulo 2 y versículos del 7 al 12), que conducirá a un mundo apostata a una rebelión contra Dios haciendo se pasa por Dios (versículo 4; véase ANTICRISTO); el creyente debe apartarse de iniquidad en su vida y relaciones (2 de Timoteo, capítulo 2 y versículo 19), y a seguir la "la justicia", la fe, el amor y la paz, con los que de corazón limpio invocan al "Señor" (versículo 22 de 2 de Timoteo).

Dios promete; "nunca mas me acordare de sus pecados y de sus iniquidades". El destino de los no arrepentidos será el castigo eterno (Mateo. Capítulo 13 y versículo 41). Como vemos. Dios el Eterno el Omnipotente, el Omnisciente y el Omnipresente, Jesús el Dios Eterno y el Espíritu Santo, tiene un amor grande y Misericordioso, vale la pena dejar atrás a la iniquidad, t ser fiel al Dios Eterno para estar con él en su gloria allá en los cielos. Para siempre por toda la eternidad. (el alma) que es inmortal.

Muy bien, ¿Cómo les ha aparecido este interesante capitulo? Creo que muy bien, espero que cuando estén leyendo capítulo por capítulo se interroguen todos y cada uno de ustedes, para que aprendamos, algo de esta actuar a tr5aves de este hermoso libro.

Discusión.

Siempre ha sido así, si vemos la historia del hombre a través de los tiempos, veremos que existió, existen hombres y mujeres que no queremos cambiar, que nos gobierna el cerebro mamífero-hormonal y sexual en todos los atributos con la ambición y el poder mal fundamentado, y por ello muchas personas humildes, que viven en la miseria, hoy día, por culpa de hombres ambiciosos, que hasta matan por el hacer el mal fundamentado. Siempre ha existido un remanente de personas tanto hombres y mujeres niños, que están disciplinados, obedientes de la palabra de Dios, que nos lleva a un reino mejor, eterno esa es la promesa. Es muy lamentable y triste que, en toda la historia del hombre, siempre hemos querido estar con el cerebro mamífero- medial. Hormonal y sexual por diferentes intereses personales, grupal, hasta hoy día, a pesar de que tenemos un cerebro humano donde tenemos todos los atributos, para poder dirigir los dos cerebros restantes, pero, a pesar de ello, queremos caminar por el camino equivocado, y a sabiendas de que estamos mal, y seguimos, es muy lamentable pero así fue, así es, y claro que todo esto nos levara a un caos. Todo ser humano de los cuatro vientos (tenemos una Masa encefálica que está integrada por tres cerebros. (en ellos habita todos los atributos para dirigir nuestras vidas**).** Ya depende de cada uno de nosotros, si desarrollamos poco a poco nuestro cerebro humano donde habita la conciencia, (el bien) el amor, la benignidad, la templanza, la fe, la sabiduría, la inteligencia, el poder, la consejería, el conocimiento y la reverencia al Dios el eterno, el servid a los demás, Dios promete; "nunca mas me acordare de sus pecados y de sus iniquidades". El destino de los no arrepentidos será el castigo eterno (Mateo. Capítulo 13 y versículo 41). Como vemos. Dios el Eterno el Omnipotente, el Omnisciente y el Omnipresente, Jesús el Dios Eterno y el Espíritu Santo, tiene un amor grande y Misericordioso, vale la pena dejar atrás a la iniquidad, t ser fiel al Dios Eterno para estar con él en su gloria allá en los cielos. Para siempre por toda la eternidad. (el alma) que es inmortal.

Muy bien, ¿Cómo les ha aparecido este interesante capitulo? A ustedes, para que aprendamos, algo de esta actuar a través de este hermoso libro.

etc., etc. 15.

Imagen.

Cuadro mental.

Siempre ha sido así, si vemos la historia del hombre a través de los tiempos, veremos que existió, existen hombres y mujeres que no queremos cambiar, que nos gobierna el cerebro mamífero-hormonal y sexual en todos los atributos con la ambición y el poder mal fundamentado, y por ello muchas personas humildes, que viven en la miseria, hoy día, por culpa de hombres ambiciosos, que hasta matan por el hacer el mal fundamentado. Siempre ha existido un remanente de personas tanto hombres y mujeres niños, que están disciplinados, obedientes de la palabra de Dios, que nos lleva a un reino mejor, eterno esa es la promesa.

Es muy lamentable y triste que, en toda la historia del hombre, siempre hemos querido estar con el cerebro mamífero- medial. Hormonal y sexual por diferentes intereses personales, grupal, hasta hoy día, a pesar de que tenemos un cerebro humano donde tenemos todos los atributos, para poder dirigir los dos cerebros restantes, pero, a pesar de ello, queremos caminar por el camino equivocado, y a sabiendas de que estamos mal, y seguimos, es muy lamentable pero así fue, así es, y claro que todo esto nos levara a un caos. Muy bien, espero que se encuentren bien al estar leyendo este hermoso libro, es para ustedes.
¿Les parece bien? Pues adelante seguiremos leyendo.

Recapitulando.

Todo ser humano de los cuatro vientos (tenemos una Masa encefálica que está integrada por tres cerebros. (en ellos habita todos los atributos para dirigir nuestras vidas). Ya depende de cada uno de nosotros, si desarrollamos poco a poco nuestro cerebro humano donde habita la conciencia, (el bien) el amor, la benignidad, la templanza, la fe, la sabiduría, la inteligencia, el poder, la consejería, el conocimiento y la reverencia al Dios el eterno, el servid a los demás, etc., etc. Amor, fe, consejería, poder, templanza, benignidad, inteligencia, conocimiento, reverencia. Eterno. Y el cerebro medial mamífero, hormonal y sexual en el habita la maldad, el egoísmo, la vanidad, el egocentrismo, el no sirváis a los demás, las intrigas, los chismes por doquier, lo sexual con sus aberraciones, y todo lo que concierne en lo incorrecto ante la sociedad, ante la familia, y ante Dios. Pues bien, hoy día, nos hemos desviado hacer lo incorrecto, y vamos rumbo a la Sima (abismo), es muy lamentable, pero es la triste realidad, no queremos a ver el bien, y me pregunto: ¿Por qué? Y me contesto no lo sé, creo que necesitamos ayuda de alguien, ese alguien es Dios el Eterno, el Misericordioso y Amoroso. Siempre ha sido así, si vemos la historia del hombre a través de los tiempos, veremos que existió, existen hombres y mujeres que no queremos cambiar, que nos gobierna el cerebro mamífero-hormonal y sexual en todos los atributos con la ambición y el poder mal fundamentado, y por ello muchas personas humildes, que viven en la miseria, hoy día, por culpa de hombres ambiciosos, que hasta matan por el hacer el mal fundamentado. Siempre ha existido un remanente de personas tanto hombres y mujeres niños, que están disciplinados, obedientes de la palabra de Dios, que nos lleva a un reino mejor, eterno esa es la promesa.

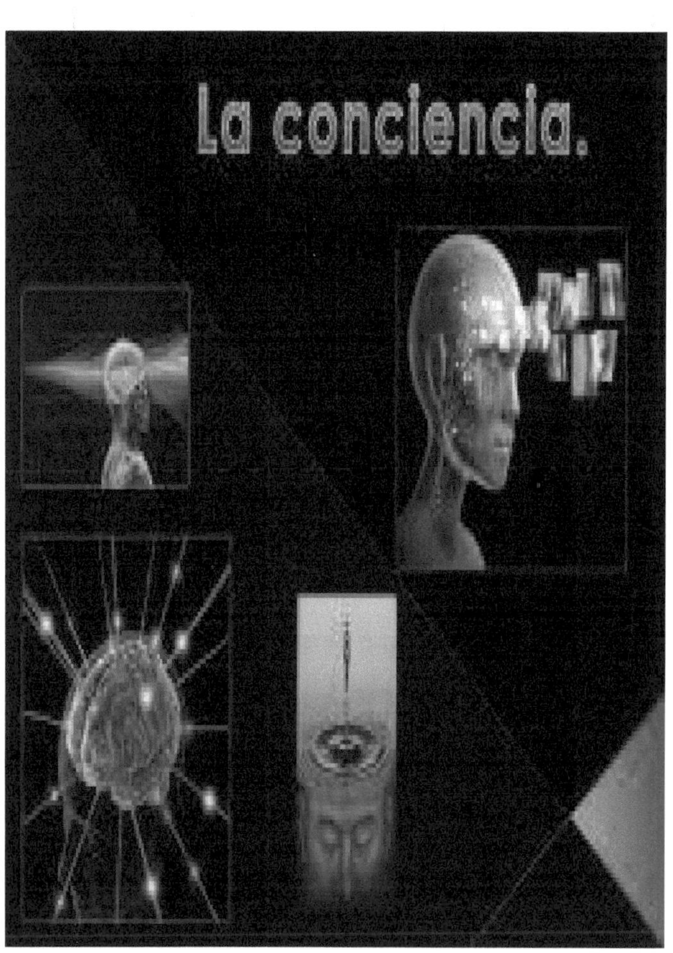
La conciencia.

¿Qué piensa de la conciencia humana?

Todo ser humano de los cuatro vientos (tenemos una Masa encefálica que está integrada por tres cerebros. (en ellos habita todos los atributos para dirigir nuestras vidas). Ya depende de cada uno de nosotros, si desarrollamos poco a poco nuestro cerebro humano donde habita la conciencia, (el bien) el amor, la benignidad, la templanza, la fe, la sabiduría, la inteligencia, el poder, la consejería, el conocimiento y la reverencia al Dios el eterno, el servid a los demás, etc., etc. Amor, fe, consejería, poder, templanza, benignidad, inteligencia, conocimiento, reverencia. Eterno. Y el cerebro medial mamífero, hormonal y sexual en el habita la maldad, el egoísmo, la vanidad, el egocentrismo, el no sirváis a los demás, las intrigas, los chismes por doquier, lo sexual con sus aberraciones, y todo lo que concierne en lo incorrecto ante la sociedad, ante la familia, y ante Dios. Pues bien, hoy día, nos hemos desviado hacer lo incorrecto, y vamos rumbo a la Sima (abismo), es muy lamentable, pero es la triste realidad, no queremos a ver el bien, y me pregunto: ¿Por qué? Y me contesto no lo sé, creo que necesitamos ayuda de alguien, ese alguien es Dios el Eterno, el Misericordioso y Amoroso. Siempre ha sido así, si vemos la historia del hombre a través de los tiempos, veremos que existió, existen hombres y mujeres que no queremos cambiar, que nos gobierna el cerebro mamífero-hormonal y sexual en todos los atributos con la ambición y el poder mal fundamentado, y por ello muchas personas humildes, que viven en la miseria, hoy día, por culpa de hombres ambiciosos, que hasta matan por el hacer el mal fundamentado. Siempre ha existido un remanente de personas tanto hombres y mujeres niños, que están disciplinados, obedientes de la palabra de Dios, que nos lleva a un reino mejor, eterno esa es la promesa.

Capitulo tres.

¿Por qué hoy día gobierna el cerebro medial “mamífero, hormonal y sexual”?

Resumen.

¿Por qué hoy día gobierna el cerebro medial “mamífero, hormonal y sexual”? Estamos viviendo tiempos muy difíciles en todas las áreas de nuestras vidas, cada persona, pueblo, lengua, y nación, estamos actuando muy a la ligera, ya muy pocas personas disciernen, reflexionar, meditan, son servidores de la misma comunidad, ayudan a los demás, dicen buenos días, ¡buenas noches!, ¿cómo está usted?

Palabras clave.

Cerebro medial, hormonal, sexual, gobernar, en lengua, pueblo, nación, hombres, mujeres, hoy día, Sima, egocentrismo, envidia, soberbia, envidia, poder enajenado por doquier.

Introducción.

¿Por qué hoy día gobierna el cerebro medial “mamífero, hormonal y sexual”? Estamos viviendo tiempos muy difíciles en todas las áreas de nuestras vidas, cada persona, pueblo, lengua, y nación, estamos actuando muy a la ligera, ya muy pocas personas disciernen, reflexionar, meditan, son servidores de la misma comunidad, ayudan a los demás, dicen buenos días, ¡buenas noches!, ¿cómo está usted? Cerebro medial, hormonal, sexual, gobernar, en lengua, pueblo, nación, hombres, mujeres, hoy día, Sima, egocentrismo, envidia, soberbia, envidia, poder enajenado por doquier.

Tenemos todo el poder de decidir, quien nos va a gobernar, lo único que necesitamos cada ser humano d e los cuatro vientos, es. Tener de decisión, de decidir, que cerebro tiene que tener el control y permitir que otro cerebro actúa cuándo el decida, y depende de tiempos, creo firmemente que el cerebro humano, tiene todas las decisiones, aquí el gran problema es que, nuestros ojos, oídos, tacto, órganos, sistemas, aparatos, la mente, y todo lo de en el cerebro mamífero, hormonal y sexual, lo dejemos, pero de que se puede, se puede, porque es más grande el amor de mi Dios, las decisiones, deben de ser firmes, con decisión firme, solo así podemos estar en el Reino de Dios. Porque mi Jesús, nos dejó el Consolador, que es el Espíritu Santo, solo nos pide que nuestro corazón se quebrante y que nuestro espíritu sea humilde para que el, venga y este en nuestro interior hoy para siempre, pero debemos de hacerlo con mucha humildad, reconociendo que solos, no podemos hacer nada.

Metodología sistemática.

¿Por qué hoy día gobierna el cerebro medial "mamífero, hormonal y sexual"? Estamos viviendo tiempos muy difíciles en todas las áreas de nuestras vidas, cada persona, pueblo, lengua, y nación, estamos actuando muy a la ligera, ya muy pocas personas disciernen, reflexionar, meditan, son servidores de la misma comunidad, ayudan a los demás, dicen buenos días, ¡buenas noches!, ¿cómo está usted? Cerebro medial, hormonal, sexual, gobernar, en lengua, pueblo, nación, hombres, mujeres, hoy día, Sima, egocentrismo, envidia, soberbia, envidia, poder enajenado por doquier. Estamos viviendo tiempos muy difíciles, donde hay muchos extractores, donde nos inclinamos a ellos, y es por ello, que no le damos tiempo a nuestro cerebro humano, donde habita la conciencia, el espíritu de (aliento de vida) y los atributos que son: el amor, la misericordia, el servid a los demás, la sabiduría, e inteligencia, la consejería y el poder, el conocimiento, etc., etc. sin embargo el extracto más terrible y que está de moda es el famoso celular-Internet. Y es qui donde se inicia el gran problema de que el cerebro mamífero, Medial, hormonal y sexual se reactiva con un gran poder, a tal grado que anestesia, congela las funciones del cerebro humano, y es por ello que existe tantos problemas de conducta, de ética, de la conciencia, de humanismo, que vamos rumbo a la Sima, pero rápido, que nos estamos enajenando cada día más y más. Pues bien, ¡Qué podemos hacer! Pues parar por unos minutos día, tarde y noche y reflexionar, meditar profundamente, para poder saber a ciencia cierta de nuestras debilidades Porque mi Jesús, nos dejó el Consolador, que es el Espíritu Santo, solo nos pide que nuestro corazón se quebrante y que nuestro espíritu sea humilde para que el, venga y este en nuestro interior hoy para siempre, pero debemos de hacerlo con mucha humildad, reconociendo que solos, no podemos hacer nada.

para que se conviertan en fortalezas, pero esto se logra cuándo hay una decisión firme y clara, del cambio interno de todo nuestro ser, sino estaremos perdidos.

Yo sé, que es muy útil el celular-Internet, tanto en el estudio, como en el campo laboral, yen las empresas, que nos podemos comunicar de nación a nación, lengua a pueblo, pero hay que estar atentos, en el uso, porque si yo me descuido, pues el celular-Internet me gobernará a mi persona, tanto en mis emociones, como en lo sentimental en la comunicación exagerada, claro que yo debo de estar muy atento cuanto tiempo Estamos viviendo tiempos muy difíciles, donde hay muchos extractores, donde nos inclinamos a ellos, y es por ello, que no le damos tiempo a nuestro cerebro humano, donde habita la conciencia, el espíritu de (aliento de vida) y los atributos que son: el amor, la misericordia, el servid a los demás, la sabiduría, e inteligencia, la consejería y el poder, el conocimiento, etc., etc. sin embargo el extracto más terrible y que está de moda es el famoso celular-Internet. Y es qui donde se inicia el gran problema de que el cerebro mamífero, Medial, hormonal y sexual se reactiva con un gran poder, a tal grado que anestesia, congela las funciones del cerebro humano, y es por ello que existe tantos problemas de conducta, de ética, de la conciencia, de humanismo, que vamos rumbo a la Sima, pero rápido, que nos estamos enajenando cada día más y más. Pues bien, ¡Qué podemos hacer! Pues parar por unos minutos día, tarde y noche y reflexionar, meditar profundamente, para poder saber a ciencia cierta de nuestras debilidades, para que se conviertan en fortalezas, pero esto se logra cuándo hay una decisión firme y clara, del cambio interno de todo nuestro ser, sino estaremos perdidos.

o le voy a dedicar en mis 24 horas del día. Y si puedo hacerlo, ¡qué bueno!

Imagen.

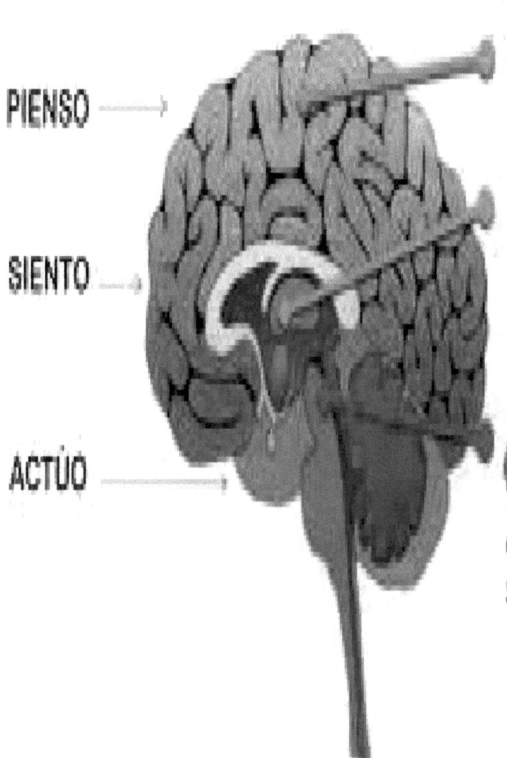
Neocortex
Cerebro racional.
Razonamiento. Reflexión.
PIENSO
Cerebro límbico
SIENTO
Cerebro emocional.
Emociones.
Percepción no consciente.
Cerebro reptiliano
ACTÚO
Cerebro instintivo.
Supervivencia.

Cuadro mental.

Estamos viviendo tiempos muy difíciles, donde hay muchos extractores, donde nos inclinamos a ellos, y es por ello, que no le damos tiempo a nuestro cerebro humano, donde habita la conciencia, el espíritu de (aliento de vida) y los atributos que son: el amor, la misericordia, el servid a los demás, la sabiduría, e inteligencia, la consejería y el poder, el conocimiento, etc., etc. sin embargo el extracto más Teribe y que está de moda es el famoso celular-Internet. Y es qui donde se inicia el gran problema de que el cerebro mamífero, Medial, hormonal y sexual se reactiva con un gran poder, a tal grado que anestesia, congela las funciones del cerebro humano, y es por ello que existe tantos problemas de conducta, de ética, de la conciencia, de humanismo, que vamos rumbo a la Sima, pero rápido, que nos estamos enajenando cada día más y más. Pues bien, ¡Qué podemos hacer! Pues parar por unos minutos día, tarde y noche y reflexionar, meditar profundamente, para poder saber a ciencia cierta de nuestras debilidades, para que se conviertan en fortalezas, pero esto se logra cuándo hay una decisión firme y clara, del cambio interno de todo nuestro ser, sino estaremos perdidos.

¿Usted que dice mi querido lector(a)?

Recapitulando.

¿Por qué hoy día gobierna el cerebro medial "mamífero, hormonal y sexual"? Estamos viviendo tiempos muy difíciles en todas las áreas de nuestras vidas, cada persona, pueblo, lengua, y nación, estamos actuando muy a la ligera, ya muy pocas personas disciernen, reflexionar, meditan, son servidores de la misma comunidad, ayudan a los demás, dicen buenos días, ¡buenas noches!, ¿cómo está usted? Cerebro medial, hormonal, sexual, gobernar, en lengua, pueblo, nación, hombres, mujeres, hoy día, Sima, egocentrismo, envidia, soberbia, envidia, poder enajenado por doquier. Estamos viviendo tiempos muy difíciles, donde hay muchos extractores, donde nos inclinamos a ellos, y es por ello, que no le damos tiempo a nuestro cerebro humano, donde habita la conciencia, el espíritu de (aliento de vida) y los atributos que son: el amor, la misericordia, el servid a los demás, la sabiduría, e inteligencia, la consejería y el poder, el conocimiento, etc., etc. sin embargo el extracto más terrible y que está de moda es el famoso celular-Internet. Y es qui donde se inicia el gran problema de que el cerebro mamífero, Medial, hormonal y sexual se reactiva con un gran poder, a tal grado que anestesia, congela las funciones del cerebro humano, y es por ello que existe tantos problemas de conducta, de ética, de la conciencia, de humanismo, que vamos rumbo a la Sima, pero rápido, que nos estamos enajenando cada día más y más. Pues bien, ¡Qué podemos hacer! Pues parar por unos minutos día, tarde y noche y reflexionar, meditar profundamente, para poder saber a ciencia cierta de nuestras debilidades, para que se conviertan en fortalezas, pero esto se logra cuándo hay una decisión firme y clara, del cambio interno de todo nuestro ser, sino estaremos perdidos.

¡Qué podemos hacer! Pues parar por unos minutos día, tarde y noche y reflexionar, meditar profundamente, para poder saber a ciencia cierta de nuestras debilidades, para que se conviertan en fortalezas, pero esto se logra cuándo hay una decisión firme y clara, del cambio interno de todo nuestro ser, sino estaremos perdidos.

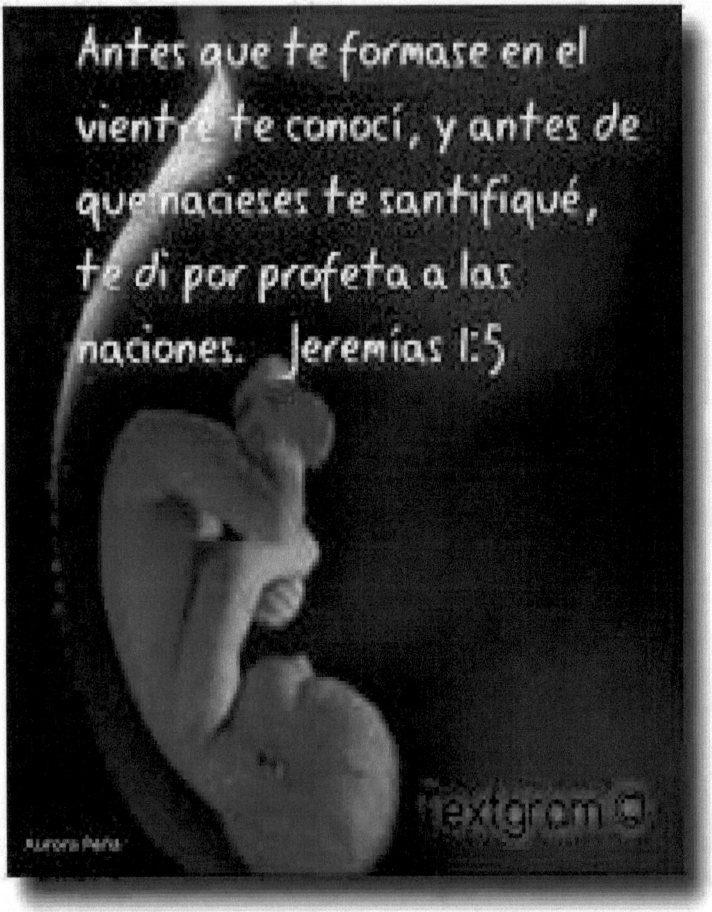
Antes que te formase en el vientre te conocí, y antes de que nacieses te santifiqué, te di por profeta a las naciones. Jeremías 1:5
textgram

Si Confiamos en nuestro Dios, el Todopoderoso, y andamos en sus caminos, rectos, con una ética correcta, con su disciplina, con mucha humildad, y aparte si le creemos lo que dice Jeremías, capítulo 1 y versículo 5 que dice.:

Antes de que te formase en el vientre te conocí, y antes de que nacieses de la matriz te santifique, te di por profeta a las naciones, aquí hay una promesa y tú, le crees, la haces tuya, entonces estas prometido a que tú existencia aquí en la Tierra, tiene que ser como Dios dice que andemos, rectos, con un amor verdadero, sin malicia, con el hábito de servid a los demás, y amar a nuestros enemigos, entonces seres sus hijos e hijas, y haremos lo que él nos pide.

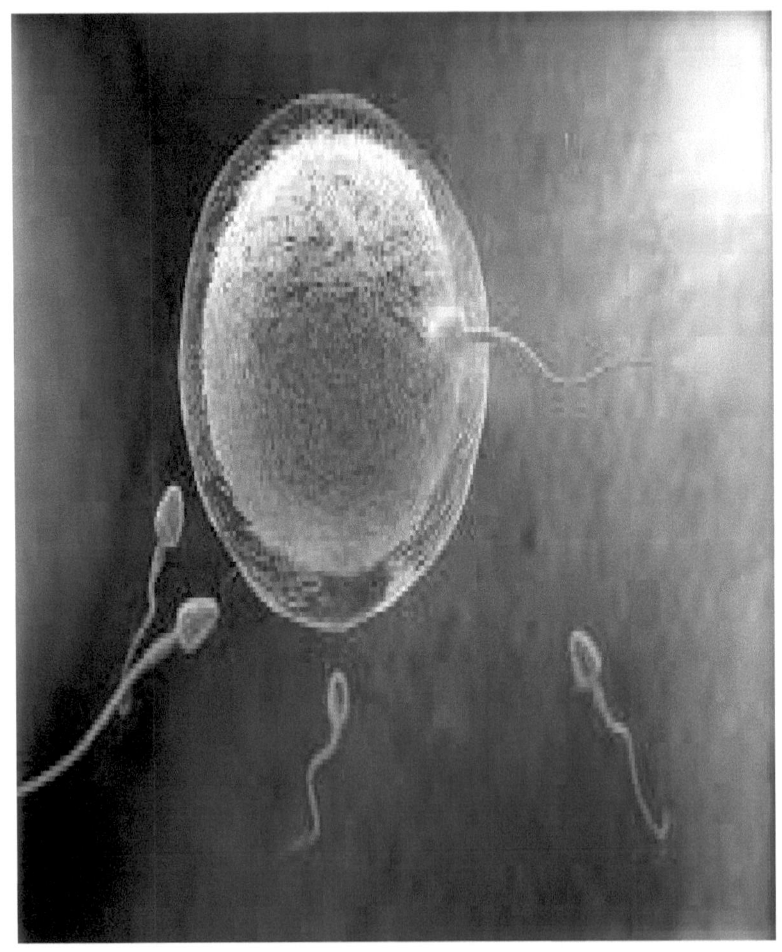

Capitulo cuatro.

¿Por qué nos es difícil vivir en armonía, nosotros los seres humanos de los cuatro vientos?

Resumen.

¿Por qué nos es difícil vivir en armonía, nosotros los seres humanos de los cuatro vientos? Vivimos tiempos muy difíciles, donde nos están ganando los factores negativos, como, por ejemplo, el mal uso del celular-Internet, los pasatiempos que nos están llevando a una soledad interna y externa, se ha perdido el dialogo en casa, en el salón de clases, en la biblioteca, en los centros comerciales, cada quién vive su mundo interior y exterior.

Palabras clave. Armonía, vivir, seres humanos, cuatro vientos, humildad, Servid, convivir, amor ,quebrantamiento .

Introducción.

¿Por qué nos es difícil vivir en armonía, nosotros los seres humanos de los cuatro vientos? Vivimos tiempos muy difíciles, donde nos están ganando los factores negativos, como, por ejemplo, el mal uso del celular-Internet, los pasatiempos que nos están llevando a una soledad interna y externa, se ha perdido el dialogo en casa, en el salón de clases, en la biblioteca, en los centros comerciales, cada quién vive su mundo interior y exterior. Armonía, vivir, seres humanos, cuatro vientos, humildad, servid, convivir, amor, quebrantamiento.

Será cierto lo que escribe el autor de este maravilloso libero integrado por ocho capítulos. El Eterno, solo que se necesita iniciar el proceso de la actividad de lo que ya tenemos, y estar día y noche, estimulando los factores que ya tenemos en nuestra Masa Encefálica (los tres cerebros) pero no queremos luchar, sobrevivir, como debe de ser, todo lo queremos bien fácil, ya no queremos trabajar con amor, luchar con nuestra inteligencia, y hasta se nos ha olvidado leer correctamente.

Pues bien estamos la mayoría de la población de todos los países de esta Tierra.

Se que hay un remanente que lucha sin cesar para alcanzar la sabiduría completa del Creador el Eterno, y además tienen temor y reverencia al Dios Omnipotente.

Pero también hay otro remanente mas fuerte que no queremos cambiar, y seguimos con nuestra arrogancia, nuestra envidia, nuestra fuerza cerebral y somática, que todo lo queremos sin luchar por ello, y todo lo bueno, cuesta, y hay que luchar hasta el morir por los valores éticos, morales, y ser disciplinados y vivir en armonía, para eso fuimos creados, pero seguimos necios, y pensamos con los pies y los dedos.

Metodología sistemática.

¿Por qué nos es difícil vivir en armonía, nosotros los seres humanos de los cuatro vientos? Vivimos tiempos muy difíciles, donde nos están ganando los factores negativos, como, por ejemplo, el mal uso del celular-Internet, los pasatiempos que nos están llevando a una soledad interna y externa, se ha perdido el dialogo en casa, en el salón de clases, en la biblioteca, en los centros comerciales, cada quién vive su mundo interior y exterior. Armonía, vivir, seres humanos, cuatro vientos, humildad, servid, convivir, amor, quebrantamiento.

Será cierto lo que escribe el autor de este maravilloso libro integrado por ocho capítulos. Que tristeza, si ya nacemos con todos los factores intrínsecos y extrínsecos, de la intelectualidad del raciocinio, de la sabiduría , e inteligencia, de la consejería y poder, del conocimiento, y hasta el temor al Creador de los cielos y la tierra el Dios , el Eterno, solo que se necesita iniciar el proceso de la actividad de lo que ya tenemos, y estar día y noche, estimulando los factores que ya tenemos en nuestra Masa Encefálica (los tres cerebros) pero no queremos luchar, sobrevivir, como debe de ser, todo lo queremos bien fácil, ya no queremos trabajar con amor, luchar con nuestra inteligencia, y hasta se nos ha olvidado leer correctamente.

Pues bien estamos la mayoría de la población de todos los países de esta Tierra.

Se que hay un remanente que lucha sin cesar para alcanzar la sabiduría completa del Creador el Eterno, y además tienen temor y reverencia al Dios Omnipotente.

Pero también hay otro remanente más fuerte que no queremos cambiar, y seguimos con nuestra arrogancia, nuestra envidia, nuestra fuerza cerebral y somática, que todo lo queremos sin luchar por ello, y todo lo bueno, cuesta, y hay que luchar hasta el morir por los valores éticos, morales, y ser disciplinados y vivir en armonía, para eso fuimos creados, pero seguimos necios, y pensamos con los pies y los dedos.

Discusión.

¿Por qué nos es difícil vivir en armonía, nosotros los seres humanos de los cuatro vientos? Vivimos tiempos muy difíciles, donde nos están ganando los factores negativos, como, por ejemplo, el mal uso del celular-Internet, los pasatiempos que nos están llevando a una soledad interna y externa, se ha perdido el dialogo en casa, en el salón de clases, en la biblioteca, en los centros comerciales, cada quién vive su mundo interior y exterior. Armonía, vivir, seres humanos, cuatro vientos, humildad, servid, convivir, amor, quebrantamiento.

¿Qué nos esta pasando? ¿Por qué seguimos así, bien conformistas?

¡Acaso nos da miedo, pereza cerebral y somática!

Tenemos que parar en nuestro diario caminar, y ponernos a reflexionar, muy minuciosamente, y preguntarnos: ¿Qué estoy haciendo con mi vida hoy? ¿Hacia donde quiero llegar así, como me encuentro? ¿Acaso quiero lo peros de mi vida, estoy en una encrucijada, y ¡no he hecho nada!

Necesito parar y reflexionar, y meditar todo lo que he vivido hasta el día de hoy, y ¿Qué he cosechado? Pues la cosecha ha sido todo para perjudicarme, estoy acabando con mi vida, me siento ay mus viejo, con muchas canas, arrugas en mi cara, mi piel esta reseca, mis ojos están mus tristes, ¿Qué estoy haciendo? ¡Necesito un cambio para ya!

Hoy es día especial para mí, porque em eh dado cuenta que estoy muy mal, peor gracias al Creador mi Dos, que me ha hecho reflexionar, y darme cuenta que estoy muy mal, y que la vida que estoy viviendo hoy me va a acabar, voy a morir, y no quiero morirme sin tener un verdadero cambio, y ese cambio lo da mi Jesús el Cristo que murió en la cruz por mí, el dio toda su sangre, hasta la última gota de su interior para que yo, tuviera vida, y vida en abundancia y de la buena.

Imagen.

Cuadro mental.

¿Por qué nos es difícil vivir en armonía, nosotros los seres humanos de los cuatro vientos? Vivimos tiempos muy difíciles, donde nos están ganando los factores negativos, como, por ejemplo, el mal uso del celular-Internet, los pasatiempos que nos están llevando a una soledad interna y externa, se ha perdido el dialogo en casa, en el salón de clases, en la biblioteca, en los centros comerciales, cada quién vive su mundo interior y exterior. Armonía, vivir, seres humanos, cuatro vientos, humildad, servid, convivir, amor, quebrantamiento.

Será cierto lo que escribe el autor de este maravilloso libro integrado por ocho capítulos. Que tristeza, si ya nacemos con todos los factores intrínsecos y extrínsecos, de la intelectualidad del raciocinio, de la sabiduría , e inteligencia, de la consejería y poder, del conocimiento, y hasta el temor al Creador de los cielos y la tierra el Dios , el Eterno, solo que se necesita iniciar el proceso de la actividad de lo que ya tenemos, y estar día y noche, estimulando los factores que ya tenemos en nuestra Masa Encefálica (los tres cerebros) pero no queremos luchar, sobrevivir, como debe de ser, todo lo queremos bien fácil, ya no queremos trabajar con amor, luchar con nuestra inteligencia, y hasta se nos ha olvidado leer correctamente.

Pues bien estamos la mayoría de la población de todos los países de esta Tierra. Se que hay un remanente que lucha sin cesar para alcanzar la sabiduría completa del Creador el Eterno, y además tienen temor y reverencia al Dios Omnipotente.

¡Que nos está pasando! ¡Hacia donde vamos! ¡Para la Sima o la Cima!

ISAIAS. Capítulo 51, versículo 16 dice así:

Y en tu boca he puesto mis palabras, y con la sombra de mi mano te cubrí, extendiendo los cielos y echando los cimientos de la tierra, y diciendo a Sion (armando): Pueblo mío eres tú.

En el 2010, mi Dios uso a su sierva Norma Minchaca, para que me diera esta cita Bíblica que mi Dios le dijo a la hermana que era para su humilde siervo. Debo aclarar que fueron nueve citas bíblicas que son (1). - Deuteronomio. 3. 24,

(2)- 1 de Reyes. 8. 28;(3.)- Isaías. 41.10; (4). Isaías. 41: 13; (5.)- Jeremías. 31: 3;

(6) Isaías. 51: 16; (7) Isaías. 57: 15; (8) Hechos. 1:8; y (9) Eclesiastés. 12: 13.

Pues bien, en este momento quisiera decirles lo que me ha pasado con la cita de Isaías. 51: 16.

En este 2022, sentí la presencia del Espíritu Santo y en el mes de. Junio, julio, Agosto y la Primera quincena de Septiembre leí todos los sesenta y seis libros de Las Sagradas Escrituras y muy atento, no hubo cansancio ni mental ni física ni emocional y me dio algunas revelaciones de la lectura completa de la Biblia, me quede ¡atónico, sin habla!

¿Qué piensa usted mi querido lector (a)? Plasme sus inquietudes, por favor.

Pues bien estamos la mayoría de la población de todos los países de esta Tierra.

Se que hay un remanente que lucha sin cesar para alcanzar la sabiduría completa del Creador el Eterno, y además tienen temor y reverencia al Dios Omnipotente.

¡Que nos está pasando! ¡Hacia donde vamos! ¡Para la Sima o la Cima!

Recapitulando.

¿Por qué nos es difícil vivir en armonía, nosotros los seres humanos de los cuatro vientos? Vivimos tiempos muy difíciles, donde nos están ganando los factores negativos, como, por ejemplo, el mal uso del celular-Internet, los pasatiempos que nos están llevando a una soledad interna y externa, se ha perdido el dialogo en casa, en el salón de clases, en la biblioteca, en los centros comerciales, cada quién vive su mundo interior y exterior. Armonía, vivir, seres humanos, cuatro vientos, humildad, servid, convivir, amor, quebrantamiento.

¿Qué nos está pasando? ¿Por qué seguimos así, bien conformistas?

¡Acaso nos da miedo, pereza cerebral y somática!

Será cierto lo que escribe el autor de este maravilloso libro integrado por ocho capítulos. Que tristeza, si ya nacemos con todos los factores intrínsecos y extrínsecos, de la intelectualidad del raciocinio, de la sabiduría , e inteligencia, de la consejería y poder, del conocimiento, y hasta el temor al Creador de los cielos y la tierra el Dios , el Eterno, solo que se necesita iniciar el proceso de la actividad de lo que ya tenemos, y estar día y noche, estimulando los factores que ya tenemos en nuestra Masa Encefálica (los tres cerebros) pero no queremos luchar, sobrevivir, como debe de ser, todo lo queremos bien fácil, ya no queremos trabajar con amor, luchar con nuestra inteligencia, y hasta se nos ha olvidado leer correctamente.

Pues bien estamos la mayoría de la población de todos los países de esta Tierra.

Se que hay un remanente que lucha sin cesar para alcanzar la sabiduría completa del Creador el Eterno, y además tienen temor y reverencia al Dios Omnipotente.

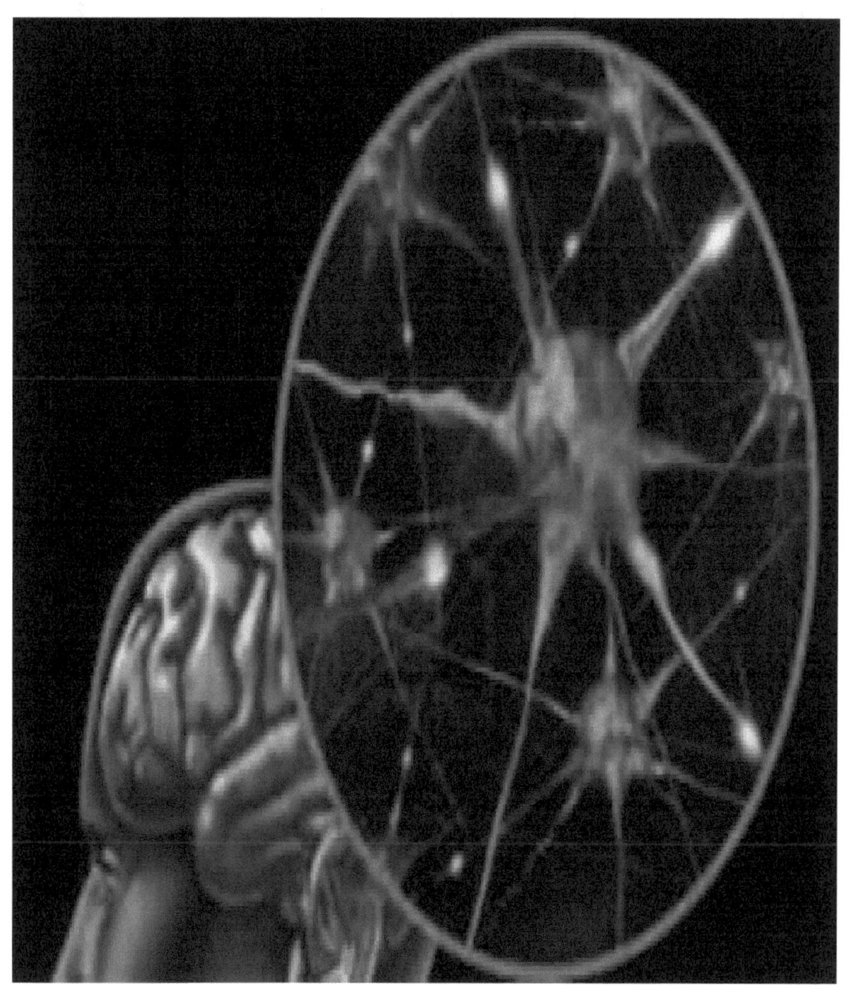

Cada ser humano, tenemos mas cien mil millones de neuronas, que se dividen en tres tipos de neuronas, que son.

Neurona unipolar, neurona bipolar y neurona multipolar.

Sus funciones es realizar sinapsis entre ella mismas de acuerdo con el tipo de neurona, y ellas elaboran la relación. Organización, des organización y e organización de acuerdo con el ser humano que haca sus actividades físicas y neuronales, en su vida diaria tanto de día como de noche, hasta que el ser humano termina su existencia aquí en la tierra, es decir la materia orgánica e inorgánica que es el cuerpo, porque el alma y el espíritu (son inmortales), se alejan de la persona que fallece.

¿Qué dice mi querido lector(a) de esta interesante lectura?

Es asombroso que cada ser humano d ellos cuatro vientos, tengamos cien mil millones de neuronas en nuestra. Masa Encefálica en nuestros tres cerebros, me quedo atónico, sin habla, lo que hace mi Dios el Omnisciente, el que todo lo puede, nada hay imposible para él. , mi Cristo hermoso.

¿usted que mi dice mi querido lector) a) de como estamos hechos, cada ser humano, todo en orden, sin dañar ninguno elementos anatómico, todos trabajan entre sí, para sí, para que nuestra maquina perfecta trabaje a la perfección, así es mi Dios, como no lo he amar, si él es Amoroso. Misericordioso con cada uno de nosotros los seres humanos que vivimos en este: Planeta llamado Tierra.

Capitulo cinco.

Deberíamos de enlazar, desenlazar y re enlazar los tres cerebros para que exista una armonía: bio- psico y social. Para una mejor armonía.

Resumen.

Deberíamos de enlazar, desenlazar y re enlazar los tres cerebros para que exista una armonía: bio- psico y social. Para una mejor armonía. Es de suma importancia que cada ser humano, enlace cada uno de los cerebros para que se integre, los conceptos del cerebro humano, para que los conceptos que están en este cerebro, por ejemplo, el amor, hay que hacer, enlaces con las palabras que integran al amor, y en su momento será le des enlace, cuando el amor intervenga en cada ser humano para que posteriormente se re- enlace el amor con sus preceptos indicados.

Palabras clave.

Amor, enlaces, des enlaces, reenlaces, complemento, sentimientos, sensibilidad, integridad, cerebros, humano, mamífero y el reptiliano.

Introducción.

Deberíamos de enlazar, desenlazar y re enlazar los tres cerebros para que exista una armonía: bio- psico y social. Para una mejor armonía. Es de suma importancia que cada ser humano, enlace cada uno de los cerebros para que se integre, los conceptos del cerebro humano, para que los conceptos que están en este cerebro, por ejemplo, el amor, hay que hacer, enlaces con las palabras que integran al amor, y en su momento será le des enlace, cuando el amor intervenga en cada ser humano para que posteriormente se re- enlace el amor con sus preceptos indicados. Amor, enlaces, des enlaces, reenlaces, complemento, sentimientos, sensibilidad, integridad, cerebros, humano, mamífero y el reptiliano.

Nacemos integrados, porque nuestros nervios, arterias, venas, arteriolas, vénulas, tejidos, aparatos, sistemas trabajan en nuestro interior elaborando enlaces, y después des enlaces para que después re enlaces para que todo nuestro ser desde la cabeza hasta los pies juntamente con los doscientos seis huesos que tenemos cada ser humano, sean integrados para las diferentes funciones, y así puedan el cerebro, corazón, pulmones, y todos los demás sean viables para diferentes funciones, y así ser humano pueda sobrevivir en armonía.

Es de suma importancia, que cada ser humano se preocupada por integrar los tres cerebros y que actúen en su momento, tiempo y acción, y para ello, deben de integrarse, y después des integrase para que posteriormente se re enlacen y así exista una armonía, en su totalidad hasta que deja de existir el ser humano, ¿Pero porque no ha existido las interacciones hasta el día de hoy en su complejidad, de cada ser humano d de los cuatro vientos?

Metodología sistemática.

Deberíamos de enlazar, desenlazar y re enlazar los tres cerebros para que exista una armonía: bio- psico y social. Para una mejor armonía. Es de suma importancia que cada ser humano, enlace cada uno de los cerebros para que se integre, los conceptos del cerebro humano, para que los conceptos que están en este cerebro, por ejemplo, el amor, hay que hacer, enlaces con las palabras que integran al amor, y en su momento será le des enlace, cuando el amor intervenga en cada ser humano para que posteriormente se re- enlace el amor con sus preceptos indicados. Amor, enlaces, des enlaces, reenlaces, complemento, sentimientos, sensibilidad, integridad, cerebros, humano, mamífero y el reptiliano.

Nacemos integrados, porque nuestros nervios, arterias, venas, arteriolas, vénulas, tejidos, aparatos, sistemas trabajan en nuestro interior elaborando enlaces, y después des enlaces para que después re enlaces para que todo nuestro ser desde la cabeza hasta los pies juntamente con los doscientos seis huesos que tenemos cada ser humano, sean integrados para las diferentes funciones, y así puedan el cerebro, corazón, pulmones, y todos los demás sean viables para diferentes funciones, y así ser humano pueda sobrevivir en armonía. Y lo hace cada segundo, cada minuto, cada hora, cada día, cada semana, cada mes, hasta que ya dejé de vivir la materia orgánica e inorgánica. Nuestra Masa Encefálica está integrada por tres cerebros, y cada uno tiene sus funciones específicas, para poder seguir con vida todo nuestro ser, pero cada cerebro tiene sus funciones específicas para el bien o para el mal, ya depende de cada ser humano como qu9ere que trabaje el cerebro humano, o el cerebro mamífero o el cerebro reptiliano, debo decir que el cerebro humano debería de guiar a los otros dos cerebros, pero por desgracia siempre ha existido una guerra interna en nuestro cerebros, ¡quien domina a quien!, y esto depende de cada persona d ellos cuatro vientos.

Discusión.

Nacemos integrados, porque nuestros nervios, arterias, venas, arteriolas, vénulas, tejidos, aparatos, sistemas trabajan en nuestro interior elaborando enlaces, y después des enlaces para que después re enlaces para que todo nuestro ser desde la cabeza hasta los pies juntamente con los doscientos seis huesos que tenemos cada ser humano, sean integrados para las diferentes funciones, y así puedan el cerebro, corazón, pulmones, y todos los demás sean viables para diferentes funciones, y así ser humano pueda sobrevivir en armonía. Y lo hace cada segundo, cada minuto, cada hora, cada día, cada semana, cada mes, hasta que ya dejé de vivir la materia orgánica e inorgánica. Nuestra Masa Encefálica está integrada por tres cerebros, y cada uno tiene sus funciones específicas, para poder seguir con vida todo nuestro ser, pero cada cerebro tiene sus funciones específicas para el bien o para el mal, ya depende de cada ser humano como quiere que trabaje el cerebro humano, o el cerebro mamífero o el cerebro reptiliano, debo decir que el cerebro humano debería de guiar a los otros dos cerebros, pero por desgracia siempre ha existido una guerra interna en nuestro cerebros, ¡quien domina a quien!, y esto depende de cada persona de los cuatro vientos.

¿Qué piensa usted mi querido lector(a)?

¿Verdad que cada ser humano de los cuatro vientos? Tenemos una complejidad en nuestro interior y cada sistema, aparato, órgano y tejidos y nervios con sus arterias, y venas, piel, en sus diferentes etapas, trabajan en armonía, sin complicaciones para que esta maquinaria preciosa, tan complejo y tan simple se integre para que el ser humano viva en armonía, y eso lo hizo mi Dios el Omnisciente.

Imagen.

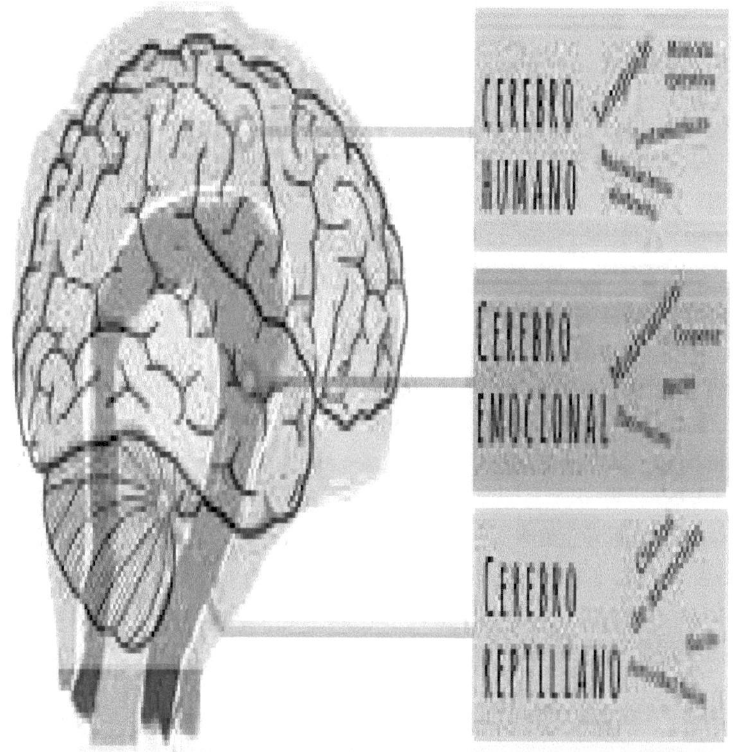

TRES CEREBROS EN UNO DENTRO DEL AULA (PAUL MACLEAN)

Cuadro mental.

Nacemos integrados, porque nuestros nervios, arterias, venas, arteriolas, vénulas, tejidos, aparatos, sistemas trabajan en nuestro interior elaborando enlaces, y después des enlaces para que después re enlaces para que todo nuestro ser desde la cabeza hasta los pies juntamente con los doscientos seis huesos que tenemos cada ser humano, sean integrados para las diferentes funciones, y así puedan el cerebro, corazón, pulmones, y todos los demás sean viables para diferentes funciones, y así ser humano pueda sobrevivir en armonía. Y lo hace cada segundo, cada minuto, cada hora, cada día, cada semana, cada mes, hasta que ya dejé de vivir la materia orgánica e inorgánica. Nuestra Masa Encefálica está integrada por tres cerebros, y cada uno tiene sus funciones específicas, para poder seguir con vida todo nuestro ser, pero cada cerebro tiene sus funciones específicas para el bien o para el mal, ya depende de cada ser humano como que quiere que trabaje el cerebro humano, o el cerebro mamífero o el cerebro reptiliano, debo decir que el cerebro humano debería de guiar a los otros dos cerebros, pero por desgracia siempre ha existido una guerra interna en nuestro cerebros, ¡quien domina a quien!, y esto depende de cada persona d ellos cuatro vientos.

¿Dígame que piensa usted, de este cuadro mental?

Pienso que esta muy bien. Y nos invita a refle3xionar, a meditar día a día.

Para poder escribir a gusto, con armonía, hay que estar en paz con uno mismo, con nuestro Creador, con las personas que nos rodean y así poder escribir con esa paz, que necesitamos para poder organizar las ideas, plasma darlas en una hoja, que salga de nuestro interior, de nuestro corazón, alma, mente, conciencia y espíritu. ordeno mis pensamientos y empiezo a escribir.

Así lo hago cada vez que em siento mi escritorio, con mucha calma, y antes de escribir, me pongo a reflexionar, a meditar, y a leer Las Sagradas Escrituras, y luego empiezo a escribir.

Y mi Dios me da sabiduría, e inteligencia, consejería, y poder, y conocimiento y reverencia a su Altísimo . Así es mi Dios, es hermoso, puesto que él es mi padre terrenal y espiritual. Por ello y más lo amo a mi Dios Eterno.

Por mi Dios soy el que soy. Soy una persona amada, desde antes de que mi madre me formada en su matriz (endometrio y miometrio), y soy médico, padre de familia, escritor, didáctico, y soy feliz escribiendo, para que sea publicado por la Editorial Española Académica y así puedan leer todos y cada uno de ustedes, de los cuatro vientos. Muy bien, este nuevo libro se esta escribiendo con mucho amor, y para todo aquel o aquella que quieran modificar sus hábitos de su vida interna y externa y ser mejor (a) ciudadana en su pueblo, nación, lengua y linaje. Cada uno decide que va a hacer con su vida, o que está haciendo hoy día con su vida, cada persona debe de decidir, sus fines de su existencia aquí en la tierra. Sabemos que cada persona dará cuentas de sus actos, ya sea malo o ya sea bueno.

Hoy me pongo a reflexionar esta mañana, y me pregunto: ¡Porque somos tan necios, y nos aferramos a buscar el mal!

Desde que el Creador fundo al mundo llama Tierra, y formo al ser humano, tanto hombre como mujer, y vivían en armonía, sin envidias, sin maldad, todos contentos, trabajando como debe de ser, no existía el egocentrismo, y maldad, y mucho menos suicidios, pero algo nos pasa a nosotros los seres humanos, no, nos gusta vivir en armonía, siempre andamos buscando la maldad, la codicia, el ego, la soberbia, ir para allá y para acá, buscando a otras mujeres eso, digo para nosotros ,los hombres que estamos con nuestra pareja, y de repente vamos en busca de otra mujer me pregunto: ¿Por qué lo hacemos? Siempre ha sido la historia de la humanidad, hasta el día de hoy.

¿Usted que dice mi querido lector(a)? Porque somos tan necios, y a veces nos dejamos llevar como nube sin agua, que el vientos nos arrastra, hacia donde el quiere, y esos vientos son(la arrogancia, la envidia, la soberbia, el egocentrismo, la vanidad, y todo lo nos estorbo) que triste ¡verdad! Pero así es, y no entendemos, por más que sr nos dice a través: Las Sagradas Escrituras. Dios mismo nos esta hablando día tras día, noche tras noche, y o queremos entender. Pues bien estamos la mayoría de la población de todos los países de esta Tierra.

Se que hay un remanente que lucha sin cesar para alcanzar la sabiduría completa del Creador el Eterno, y además tienen temor y reverencia al Dios Omnipotente.

¡Que nos está pasando! ¡Hacia donde vamos! ¡Para la Sima o la Cima!

Aquí loa mas importante es que lleguemos ala Cima, a lo alto, para estar con el Creador hoy y siempre para siempre, por toda la eternidad. Esa es la meta de cada persona, que estamos en este mundo llamado Tierra.

Reflexiona analítica.

Deberíamos de enlazar, desenlazar y re enlazar los tres cerebros para que exista una armonía: bio- psico y social. Para una mejor armonía. Es de suma importancia que cada ser humano, enlace cada uno de los cerebros para que se integre, los conceptos del cerebro humano, para que los conceptos que están en este cerebro, por ejemplo, el amor, hay que hacer, enlaces con las palabras que integran al amor, y en su momento será le des enlace, cuando el amor intervenga en cada ser humano para que posteriormente se re- enlace el amor con sus preceptos indicados. Amor, enlaces, des enlaces, reenlaces, complemento, sentimientos, sensibilidad, integridad, cerebros, humano, mamífero y el reptiliano.

Hay que reflexionar a cada segundo, a cada minuto, a cada hora, a cada día, a cada semana, en fin, siempre hay que estar meditando de que ¡que hemos hecho hasta hoy con mi vida! ¡Por que no he cambiado, si tengo todas las herramientas en mi cerebro, para decidir qué voy a hacer con mi vida a partir de hoy! Tenemos todo para ser mejores seres humanos aquí en al tierra, con nuestros semejantes, lo que pasa, es que no queremos batallar, todo lo queremos facilito, y esto no es así, lo bueno cuesta, dicen por ahí, es muy cierto, y además tenemos todas las herramientas en nuestro interior, lo que hay que hacer, es organizarnos todos y cada uno de nosotros los seres humanos y ponernos a trabajar, y enlazar nuestros atributos, y después los des enlazamos y posteriormente los re enlazamos, cuándo suceda esto, entonces veremos la luz espiritual de Jesús y del Espíritu Santo, mientras no hagamos esto, pues seguiremos igual o peor.

Capitulo seis.

Hay que aprender de la : Didáctica, de la Psicología, de la Pedagogía, de la Sociología para estar en armonía, los unos con los otros.

Resumen.

Hay que aprender de la: Didáctica, de la Psicología, de la Pedagogía, de la Sociología para estar en armonía, los unos con los otros.

También Las Sagradas Escrituras (Biblia), tiene estos conceptos ya mencionados arriba, y es por ello por lo que necesitamos leer, leer, y releer Las Sagradas Escrituras para poder entender la: Didáctica, la Psicología, la Pedagogía, la Sociología, etc., etc., para poder caminar recto, minuto a minuto, y así, estar en paz, comino mismo y con la misma sociedad, solo así, podremos, llegar hasta la Cima al final de nuestros días aquí en la tierra.

Palabras clave. Amor, pedagogía, sociología, didáctica, Biblia, armonía, Cima.

Introducción.

Hay que aprender de la: Didáctica, de la Psicología, de la Pedagogía, de la Sociología para estar en armonía, los unos con los otros.

También Las Sagradas Escrituras (Biblia), tiene estos conceptos ya mencionados arriba, y es por ello por lo que necesitamos leer, leer, y releer Las Sagradas Escrituras para poder entender la: Didáctica, la Psicología, la Pedagogía, la Sociología, etc., etc., para poder caminar recto, minuto a minuto, y así, estar en paz, comino mismo y con la misma sociedad, solo así, podremos, llegar hasta la Cima al final de nuestros días aquí en la tierra. Amor, pedagogía, sociología, didáctica, Biblia, armonía, Cima.

Para poder vivir feliz, como lo quiere el Creador de los Cielos y la tierra. Como debe de ser, para eso fuimos creados, para ser felices, eternos, pero vino la desobediencia, y caímos en pecado, y de ahí en adelante, hasta la fecha de hoy, estamos fuimos día y noche.

Ahora para volver hacer como antes, debemos de pagar por el pecado, y renovarnos, y ser obediente antes el Creador llamado Dios.

Si se puede, pero cuesta un gran precio, ser santos como el, ser obedientes por él, vivir en armonía, con el amor verdadero del Creador, si lo hacemos, pues estaremos con el en el reino de los Cielos, juntamente con él. ¡Creo que, si vale la pena vivir! como el quiere que se viva, toda la humanidad de los cuatro vientos.

Metodología sistemática.

Hay que aprender de la: Didáctica, de la Psicología, de la Pedagogía, de la Sociología para estar en armonía, los unos con los otros.

También Las Sagradas Escrituras (Biblia), tiene estos conceptos ya mencionados arriba, y es por ello por lo que necesitamos leer, leer, y releer Las Sagradas Escrituras para poder entender la: Didáctica, la Psicología, la Pedagogía, la Sociología, etc., etc., para poder caminar recto, minuto a minuto, y así, estar en paz, comino mismo y con la misma sociedad, solo así, podremos, llegar hasta la Cima al final de nuestros días aquí en la tierra. Amor, pedagogía, sociología, didáctica, Biblia, armonía, Cima. La gran ventaja que tenemos todos y cada uno de nosotros los seres humanos, es que nacemos con una: Masa Encefálica y en ella existen tres cerebros y en cada uno de ellos hay atributos, dones, sabiduría, inteligencia, consejería , poder y conocimiento, pero hay que estar bien organizados, y reflexionar, para poder usarlos correctamente y así poder aprender, analizar, reflexionar, como les vamos a integrar, a des integrar y re integrar para un solo fin, vivir en armonía , y amor ese amor que nuestro Dios nos brinda, que es . Servid a los demás con humildad. Hay que recordar que también tenemos un cerebro medio, mamífero, hormonal y sexual y en el habita los compuestos de. Egocentrismo, la envidia, el coraje mal fundamentado, el ego, el desamor, la soberbia, y todo lo que nos hace daño en nuestro interior y exterior. (al parecer es como un cáncer, que va acabando con todos los órganos, tejidos, aparatos, sistemas, corazón, cerebro, pulmón, huesos, arterias, arteriolas venas, vénulas, nervios, y al final todo nuestro ser. Si se puede, pero cuesta un gran precio, ser santos como el, ser obedientes por él, vivir en armonía, con el amor verdadero del Creador, si lo hacemos, pues estaremos con él en el reino de los Cielos, juntamente con él. ¡Creo que, si vale la pena vivir! como él quiere que se viva, toda la humanidad de los cuatro vientos.

Discusión.

Hay que aprender de la: Didáctica, de la Psicología, de la Pedagogía, de la Sociología para estar en armonía, los unos con los otros.

También Las Sagradas Escrituras (Biblia), tiene estos conceptos ya mencionados arriba, y es por ello por lo que necesitamos leer, leer, y releer Las Sagradas Escrituras para poder entender la: Didáctica, la Psicología, la Pedagogía, la Sociología, etc., etc., para poder caminar recto, minuto a minuto, y así, estar en paz, comino mismo y con la misma sociedad, solo así, podremos, llegar hasta la Cima al final de nuestros días aquí en la tierra. Amor, pedagogía, sociología, didáctica, Biblia, armonía, Cima. La gran ventaja que tenemos todos y cada uno de nosotros los seres humanos, es que nacemos con una: Masa Encefálica y en ella existen tres cerebros y en cada uno de ellos hay atributos, dones, sabiduría, inteligencia, consejería , poder y conocimiento, pero hay que estar bien organizados, y reflexionar, para poder usarlos correctamente y así poder aprender, analizar, reflexionar, como les vamos a integrar, a des integrar y re integrar para un solo fin, vivir en armonía , y amor ese amor que nuestro Dios nos brinda, que es . Servid a los demás con humildad. Hay que recordar que también tenemos un cerebro medio, mamífero, hormonal y sexual y en el habita los compuestos de. Egocentrismo, la envidia, el coraje mal fundamentado, el ego, el desamor, la soberbia, y todo lo que nos hace daño en nuestro interior y exterior. (al parecer es como un cáncer, que va acabando con todos los órganos, tejidos, aparatos, sistemas, corazón, cerebro, pulmón, huesos, arterias, arteriolas venas, vénulas, nervios, y al final todo nuestro ser. Si se puede, pero cuesta un gran precio, ser santos como el, ser obedientes por él, vivir en armonía, con el amor verdadero del Creador, si lo hacemos, pues estaremos con él en el reino de los Cielos, juntamente con él. ¡Creo que, si vale la pena vivir! como él quiere que se viva, toda la humanidad de los cuatro vientos.

Imagen.

Cuadro mental.

Hay que aprender de la: Didáctica, de la Psicología, de la Pedagogía, de la Sociología para estar en armonía, los unos con los otros.
También Las Sagradas Escrituras (Biblia), tiene estos conceptos ya mencionados arriba, y es por ello por lo que necesitamos leer, leer, y releer: Las Sagradas Escrituras para poder entender la: Didáctica, la Psicología, la Pedagogía, la Sociología, etc., etc., para poder caminar recto, minuto a minuto, y así, estar en paz, comino mismo y con la misma sociedad, solo así, podremos, llegar hasta la Cima al final de nuestros días aquí en la tierra. Amor, pedagogía, sociología, didáctica, Biblia, armonía, Cima. La gran ventaja que tenemos todos y cada uno de nosotros los seres humanos, es que nacemos con una: Masa Encefálica y en ella existen tres cerebros y en cada uno de ellos hay atributos, dones, sabiduría, inteligencia, consejería , poder y conocimiento, pero hay que estar bien organizados, y reflexionar, para poder usarlos correctamente y así poder aprender, analizar, reflexionar, como les vamos a integrar, a des integrar y re integrar para un solo fin, vivir en armonía , y amor ese amor que nuestro Dios nos brinda, que es . Servid a los demás con humildad. Hay que recordar que también tenemos un cerebro medio, mamífero, hormonal y sexual y en el habita los compuestos de. Egocentrismo, la envidia, el coraje mal fundamentado, el ego, el desamor, la soberbia, y todo lo que nos hace daño en nuestro interior y exterior. (al parecer es como un cáncer, que va acabando con todos los órganos, tejidos, aparatos, sistemas, corazón, cerebro, pulmón, huesos, arterias, arteriolas venas, vénulas, nervios, y al final todo nuestro ser.

Recapitulación.

Las Sagradas Escrituras para poder entender la: Didáctica, la Psicología, la Pedagogía, la Sociología, etc., etc., para poder caminar recto, minuto a minuto, y así, estar en paz, comino mismo y con la misma sociedad, solo así, podremos, llegar hasta la Cima al final de nuestros días aquí en la tierra. Amor, pedagogía, sociología, didáctica, Biblia, armonía, Cima. La gran ventaja que tenemos todos y cada uno de nosotros los seres humanos, es que nacemos con una: Masa Encefálica y en ella existen tres cerebros y en cada uno de ellos hay atributos, dones, sabiduría, inteligencia, consejería , poder y conocimiento, pero hay que estar bien organizados, y reflexionar, para poder usarlos correctamente y así poder aprender, analizar, reflexionar, como les vamos a integrar, a des integrar y re integrar para un solo fin, vivir en armonía , y amor ese amor que nuestro Dios nos brinda, que es . Servid a los demás con humildad. Hay que recordar que también tenemos un cerebro medio, mamífero, hormonal y sexual y en el habita los compuestos de. Egocentrismo, la envidia, el coraje mal fundamentado, el ego, el desamor, la soberbia, y todo lo que nos hace daño en nuestro interior y exterior. (al parecer es como un cáncer, que va acabando con todos los órganos, tejidos, aparatos, sistemas, corazón, cerebro, pulmón, huesos, arterias, arteriolas venas, vénulas, nervios, y al final todo nuestro ser.

Hay que aprender de la: Didáctica, de la Psicología, de la Pedagogía, de la Sociología para estar en armonía, los unos con los otros.

También Las Sagradas Escrituras (Biblia), tiene estos conceptos ya mencionados arriba, y es por ello por lo que necesitamos leer, leer, y releer

¿Usted que dice mi querido lector (a)

Hay que aprender de la: Didáctica, de la Psicología, de la Pedagogía, de la Sociología para estar en armonía, los unos con los otros.

También Las Sagradas Escrituras (Biblia), tiene estos conceptos ya mencionados arriba, y es por ello por lo que necesitamos leer, leer, y releer: Las Sagradas Escrituras para poder entender la: Didáctica, la Psicología, la Pedagogía, la Sociología, etc., etc., para poder caminar recto, minuto a minuto, y así, estar en paz, comino mismo y con la misma sociedad, solo así, podremos, llegar hasta la Cima al final de nuestros días aquí en la tierra. Amor, pedagogía, sociología, didáctica, Biblia, armonía, Cima. La gran ventaja que tenemos todos y cada uno de nosotros los seres humanos, es que nacemos con una: Masa Encefálica y en ella existen tres cerebros y en cada uno de ellos hay atributos, dones, sabiduría, inteligencia, consejería , poder y conocimiento, pero hay que estar bien organizados, y reflexionar, para poder usarlos correctamente y así poder aprender, analizar, reflexionar, como les vamos a integrar, a des integrar y re integrar para un solo fin, vivir en armonía , y amor ese amor que nuestro Dios nos brinda, que es . Servid a los demás con humildad. Hay que recordar que también tenemos un cerebro medio, mamífero, hormonal y sexual y en el habita los compuestos de. Egocentrismo, la envidia, el coraje mal fundamentado, el ego, el desamor, la soberbia, y todo lo que nos hace daño en nuestro interior y exterior. (al parecer es como un cáncer, que va acabando con todos los órganos, tejidos, aparatos, sistemas, corazón, cerebro, pulmón, huesos, arterias, arteriolas venas, vénulas, nervios, y al final todo nuestro ser.

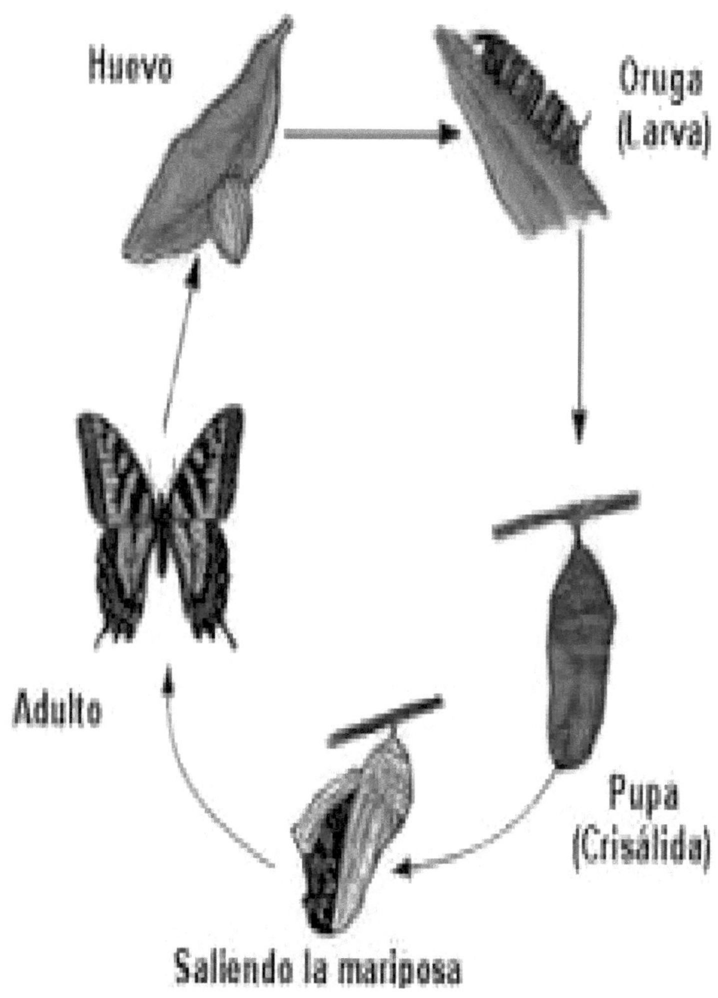

59.

¿Usted que dice de la metamorfosis de la mariposa monarca?

Toda la flora y la fauna de una manera u otra nos ensenan, los diferentes cambios internos y externos que debemos d de prender hasta de ellos y ellas, para una mejora vida cotidiana, nosotros los seres humanos.

Por ejemplo, tenemos, a la mariposa monarca, a la hormiga, el león, el águila, los caninos, a la abeja. etc., etc., la la ballena orca, y tantos animales y plantas, y nosotros, dormidos en nuestros laureles, que vergüenza, que asco, somos hasta tontos, ya no, nos fijamos en nuestra flora y fauna de los cuatro vientos,¡ que tristeza y que lastima"

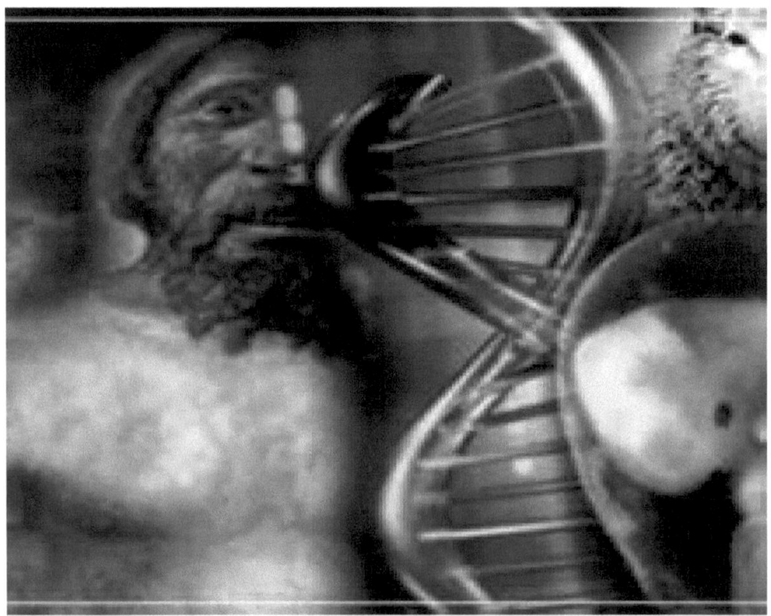

Capitulo siete.

Vamos pues todos y cada unió de nosotros, a iniciar un nuevo camino, rumbo a la Cima, para estar todos y cada uno de nosotros en armonía, para un bienestar mejor.

Resumen.

Vamos pues todos y cada unió de nosotros, a iniciar un nuevo camino, rumbo a la Cima, para estar todos y cada uno de nosotros en armonía, para un bienestar mejor.

Para ello, debo decirles, que es todo un proceso laborioso, arduo, que para poder llegar hasta la Cima, primero hay que meditar, reflexionar, analizar, que lo que vamos hacer es algo muy serio, no podemos estar jugando, y hay que recordar que tenemos hoy día muchos extractores,(uno de ellos es el celular-Internet), que nos puede desviar de nuestros objetivos, ya que en nuestra mente una guerra, que nos pueden desviar a nuestro objetivo, para ello debemos de estar bien consientes, y firmes, para ir por el camino exacto.

Palabras clave. Cima, objetivos, analizar, reflexionar, meditar, proceso, mente, extractores, celular-Internet.

Introducción.

Vamos pues todos y cada unió de nosotros, a iniciar un nuevo camino, rumbo a la Cima, para estar todos y cada uno de nosotros en armonía, para un bienestar mejor.

Para ello, debo decirles, que es todo un proceso laborioso, arduo, que para poder llegar hasta la Cima, primero hay que meditar, reflexionar, analizar, que lo que vamos hacer es algo muy serio, no podemos estar jugando, y hay que recordar que tenemos hoy día muchos extractores,(uno de ellos es el celular-Internet), que nos puede desviar de nuestros objetivos, ya que en nuestra mente una guerra, que nos pueden desviar a nuestro objetivo, para ello de Creo firmemente que si uno se organiza, y se para en su caminar para meditar y preguntarse: ¿Qué estoy haciendo con mi vida, si ya se, que estoy de pasada en esta tierra, y que un día mi cuerpo que está compuesto de materia organiza e inorgánica, pues tiene que desintegrarse y que solo se van dos sustancias inmortales que son, alma y espíritu, pues, antes de que esta materia se desintegre, debo de dejar huella aquí con la humanidad que se queda, y es por ello debo de meditar y de una vez por todas cambiar de rumbo, a un camino recto, sin envidia ni egocentrismo, sino todo lo contrario. Ir rumbo a la Cima como de ser.

Debemos de estar bien consientes, y firmes, para ir por el camino exacto. Cima, objetivos, analizar, reflexionar, meditar, proceso, mente, extractores, celular-Internet. Hay que estar alertas en todo y para todo, para que estemos bien firmes, se necesita estar despiertos de día y vigilar durante la noche, no ser un ser perezoso, y cansado físico mental, porque tenemos todo para ser más que vencedores. Vamos pues, no hay que perder mucho tiempo, es tiempo de actuar.

Hay que ser positivos, y tener toda la confianza que nuestro Dios nos da, para todo tipo de problemas.

Metodología sistemática.

Vamos pues todos y cada unió de nosotros, a iniciar un nuevo camino, rumbo a la Cima, para estar todos y cada uno de nosotros en armonía, para un bienestar mejor.

Para ello, debo decirles, que es todo un proceso laborioso, arduo, que para poder llegar hasta la Cima, primero hay que meditar, reflexionar, analizar, que lo que vamos hacer es algo muy serio, no podemos estar jugando, y hay que recordar que tenemos hoy día muchos extractores,(uno de ellos es el celular-Internet), que nos puede desviar de nuestros objetivos, ya que en nuestra mente una guerra, que nos pueden desviar a nuestro objetivo, para ello debemos de estar bien consientes, y firmes, para ir por el camino exacto. Cima, objetivos, analizar, reflexionar, meditar, proceso, mente, extractores, celular-Internet.

Hay que estar bien conscientes, del paso que vamos a dar todos y cada uno de nosotros, para poder ir rumbo al camino correcto y así poder ser objetivos, y a la vez enlazar nuestras ideas y a la vez desenlazar para que posteriormente nuestras ideas se re enlazadas y así: **Vamos** pues todos y cada unió de nosotros, a iniciar un nuevo camino, rumbo a la Cima, para estar todos y cada uno de nosotros en armonía, para un bienestar mejor.

Creo firmemente que si uno se organiza, y se para en su caminar para meditar y preguntarse: ¿Qué estoy haciendo con mi vida, si ya se, que estoy de pasada en esta tierra, y que un día mi cuerpo que esta compuesto de materia organiza e inorgánica, pues tiene que desintegrarse y que solo se van dos sustancias inmortales que son, alma y espíritu, pues, antes de que esta materia se desintegre, debo de dejar huella aquí con la humanidad que se queda, y es por ello debo de meditar y de una vez por todas cambiar de rumbo, a un camino recto, sin envidia ni egocentrismo, sino todo lo contrario. Ir rumbo a la Cima como de ser.

¿Estás de acuerdo con la: ¿Metodología sistemática?

Discusión.

Vamos pues todos y cada unió de nosotros, a iniciar un nuevo camino, rumbo a la Cima, para estar todos y cada uno de nosotros en armonía, para un bienestar mejor.

Para ello, debo decirles, que es todo un proceso laborioso, arduo, que para poder llegar hasta la Cima, primero hay que meditar, reflexionar, analizar, que lo que vamos hacer es algo muy serio, no podemos estar jugando, y hay que recordar que tenemos hoy día muchos extractores,(uno de ellos es el celular-Internet), que nos puede desviar de nuestros objetivos, ya que en nuestra mente una guerra, que nos pueden desviar a nuestro objetivo, para ello debemos de estar bien consientes, y firmes, para ir por el camino exacto. Cima, objetivos, analizar, reflexionar, meditar, proceso, mente, extractores, celular-Internet.

Hay que estar bien conscientes, del paso que vamos a dar todos y cada uno de nosotros, para poder ir rumbo al camino correcto y así poder ser objetivos, y a la vez enlazar nuestras ideas y a la vez desenlazar para que posteriormente nuestras ideas se re enlazadas y así: **Vamos** pues todos y cada unió de nosotros, a iniciar un nuevo camino, rumbo a la Cima, para estar todos y cada uno de nosotros en armonía, para un bienestar mejor. Creo firmemente que si uno se organiza, y se para en su caminar para meditar y preguntarse: ¿Qué estoy haciendo con mi vida, si ya se, que estoy de pasada en esta tierra, y que un día mi cuerpo que está compuesto de materia organiza e inorgánica, pues tiene que desintegrarse y que solo se van dos sustancias inmortales que son, alma y espíritu, pues, antes de que esta materia se desintegre, debo de dejar huella aquí con la humanidad que se queda, y es por ello debo de meditar y de una vez por todas cambiar de rumbo, a un camino recto, sin envidia ni egocentrismo, sino todo lo contrario. Ir rumbo a la Cima como de ser.

Imagen

Cuadro mental.

Vamos pues todos y cada unió de nosotros, a iniciar un nuevo camino, rumbo a la Cima, para estar todos y cada uno de nosotros en armonía, para un bienestar mejor.

Para ello, debo decirles, que es todo un proceso laborioso, arduo, que para poder llegar hasta la Cima, primero hay que meditar, reflexionar, analizar, que lo que vamos hacer es algo muy serio, no podemos estar jugando, y hay que recordar que tenemos hoy día muchos extractores,(uno de ellos es el celular-Internet), que nos puede desviar de nuestros objetivos, ya que en nuestra mente una guerra, que nos pueden desviar a nuestro objetivo, para ello debemos de estar bien consientes, y firmes, para ir por el camino exacto. Cima, objetivos, analizar, reflexionar, meditar, proceso, mente, extractores, celular-Internet.

Hay que estar bien conscientes, del paso que vamos a dar todos y cada uno de nosotros, para poder ir rumbo al camino correcto y así poder ser objetivos, y a la vez enlazar nuestras ideas y a la vez desenlazar para que posteriormente nuestras ideas se re enlazadas y así: **Vamos** pues todos y cada unió de nosotros, a iniciar un nuevo camino, rumbo a la Cima, para estar todos y cada uno de nosotros en armonía, para un bienestar mejor.

Recapitulando.

Vamos pues todos y cada unió de nosotros, a iniciar un nuevo camino, rumbo a la Cima, para estar todos y cada uno de nosotros en armonía, para un bienestar mejor.

Para ello, debo decirles, que es todo un proceso laborioso, arduo, que para poder llegar hasta la Cima, primero hay que meditar, reflexionar, analizar, que lo que vamos hacer es algo muy serio, no podemos estar jugando, y hay que recordar que tenemos hoy día muchos extractores,(uno de ellos es el celular-Internet), que nos puede desviar de nuestros objetivos, ya que en nuestra mente una guerra, que nos pueden desviar a nuestro objetivo, para ello debemos de estar bien consientes, y firmes, para ir por el camino exacto. Cima, objetivos, analizar, reflexionar, meditar, proceso, mente, extractores, celular-Internet.

¿Qué piensa usted, mi querido lector (a)?

Hay que estar bien conscientes, del paso que vamos a dar todos y cada uno de nosotros, para poder ir rumbo al camino correcto y así poder ser objetivos, y a la vez enlazar nuestras ideas y a la vez desenlazar para que posteriormente nuestras ideas se re enlazadas y así: Vamos pues todos y cada unió de nosotros, a iniciar un nuevo camino, rumbo a la Cima, para estar todos y cada uno de nosotros en armonía, para un bienestar mejor. ¿Qué estoy haciendo con mi vida, si ya se, que estoy de pasada en esta tierra, y que un día mi cuerpo que está compuesto de materia organiza e inorgánica, pues tiene que desintegrarse y que solo se van dos sustancias inmortales que son, alma y espíritu, pues, antes de que esta materia se desintegre, debo de dejar huella aquí con la humanidad que se queda, y es por ello debo de meditar y de una vez por todas cambiar de rumbo, a un camino recto, sin envidia ni egocentrismo, sino todo lo contrario. Ir rumbo a la Cima.

ROMANOS 12:2
NO OS CONFORMÉIS A ESTE SIGLO,
SINO TRANSFORMAOS
POR MEDIO DE LA RENOVACIÓN DE
VUESTRO ENTENDIMIENTO,
PARA QUE COMPROBÉIS CUÁL SEA
LA BUENA VOLUNTAD DE DIOS,
AGRADABLE Y PERFECTA.

No hay que ser conformistas, en este siglo, sino todo lo contrario hay que leer, y meditar para llegar a un conocimiento profundo, recto y veraz, para que no estemos perdidos, y así no estar en la Sima, sino todo, lo contrario para llegar a la Cima con el Creador- Dios Eterno.

¿Qué piensa mi querido lector (a)?

Vamos pues todos y cada unió de nosotros, a iniciar un nuevo camino, rumbo a la Cima, para estar todos y cada uno de nosotros en armonía, para un bienestar mejor.

Para ello, debo decirles, que es todo un proceso laborioso, arduo, que para poder llegar hasta la Cima, primero hay que meditar, reflexionar, analizar, que lo que vamos hacer es algo muy serio, no podemos estar jugando, y hay que recordar que tenemos hoy día muchos extractores,(uno de ellos es el celular-Internet), que nos puede desviar de nuestros objetivos, ya que en nuestra mente una guerra, que nos pueden desviar a nuestro objetivo, para ello debemos de estar bien consientes, y firmes, para ir por el camino exacto. Cima, objetivos, analizar, reflexionar, meditar, proceso, mente, extractores, celular-Internet.

Hay que estar bien conscientes, del paso que vamos a dar todos y cada uno de nosotros, para poder ir rumbo al camino correcto y así poder ser objetivos, y a la vez enlazar nuestras ideas y a la vez desenlazar para que posteriormente nuestras ideas se re enlazadas y así: Vamos pues todos y cada unió de nosotros, a iniciar un nuevo camino, rumbo a la Cima, para estar todos y cada uno de nosotros en armonía, para un bienestar mejor.

Tenemos todo en nuestra Masa Encefálica, ya dependerá de cada persona sea hombre, sea mujer, pero todo tenemos para ser mejores ciudadanos en los cuatro vientos.

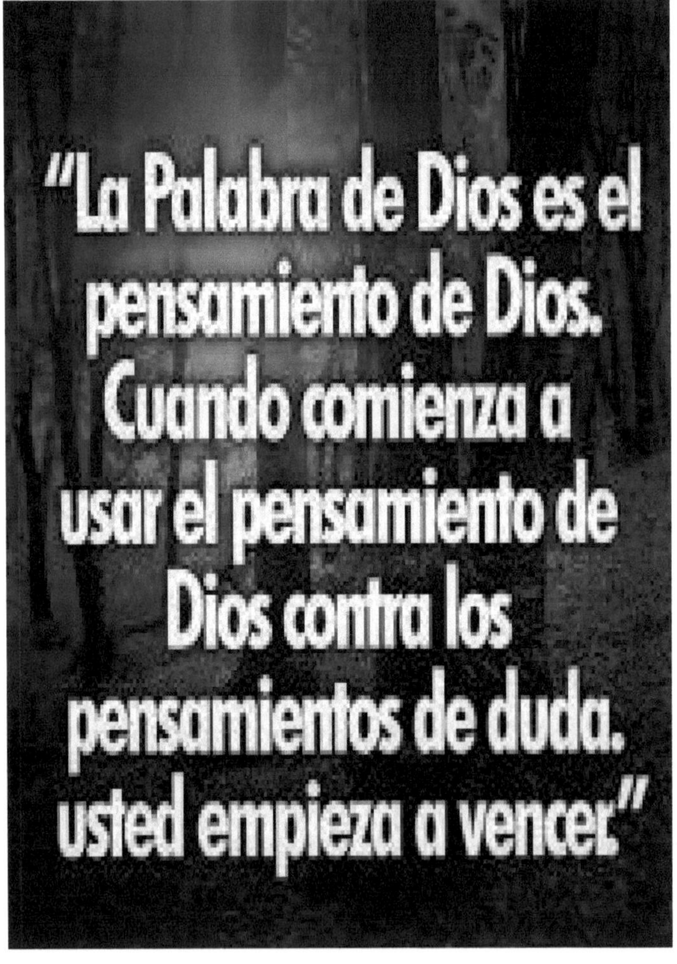

Capitulo ocho.

Recapitulación de los capítulos anteriores.

Resumen.

¿Por qué nosotros los seres humanos, nos inclinamos a hacer el mal?

En la Biblia nos habla en 1 de Corintios. Capítulo 5: versículos 7, 8 así. Limpiaos, pues, de la vieja levadura, para que seáis nueva masa, sin levadura como sois; porque nuestra pascua, que es Cristo, ya fue sacrificada por nosotros. Así que celebremos la fiesta, no con la vieja levadura, ni con la levadura de malicia y de maldad, sino con panes sin levadura, de sinceridad y de verdad Limpiaos, Cristo, vieja levadura, malicia, maldad, levadura de sinceridad y de verdad, sacrificada, nosotros. **5:7. Nuestra pascua, que es Cristo.** Así como el pan sin levadura simbolizaba el ser liberado de Egipto mediante el sacrificio de la Pascua (Éxodo. 12: 15- 17), la iglesia también debe permanecer libre de levadura porque ha sido separada del dominio del pecado y la muerte por el Cordero perfecto de la Pascua, el Señor Jesucristo. Por ende, la iglesia debe arrancar de si todo el pecaminoso para separarse de la vida vieja, lo cual incluye la influencia de aquellos miembros que pecan y no se arrepienten. **5:8 celebremos la fiesta.** A diferencia de la Pascua del AT que se celebra cada año, los creyentes celebran todo el tiempo "la fiesta" de la nueva Pascua que es Jesucristo. Como los judíos que celebran la Pascua usan pan sin levadura, los creyentes también celebran su Pascua continua a través de una vida libre de pecado.

Palabras clave.

Amor, fe, consejería, poder, templanza, benignidad, inteligencia, conocimiento, reverencia. Eterno. Cima, objetivos, analizar, reflexionar, meditar, proceso, mente, extractores, celular-Internet. Amor, enlaces, des enlaces, reenlaces, complemento, sentimientos, sensibilidad, integridad, cerebros, humano, mamífero y el reptiliano.

Introducción.

Deberíamos de enlazar, desenlazar y re enlazar los tres cerebros para que exista una armonía: bio- psico y social. Para una mejor armonía. Es de suma importancia que cada ser humano, enlace cada uno de los cerebros para que se integre, los conceptos del cerebro humano, para que los conceptos que están en este cerebro, por ejemplo, el amor, hay que hacer, enlaces con las palabras que integran al amor, y en su momento será le des enlace, cuando el amor intervenga en cada ser humano para que posteriormente se re- enlace el amor con sus preceptos indicados. Amor, enlaces, des enlaces, reenlaces, complemento, sentimientos, sensibilidad, integridad, cerebros, humano, mamífero y el reptiliano.

Nacemos integrados, porque nuestros nervios, arterias, venas, arteriolas, vénulas, tejidos, aparatos, sistemas trabajan en nuestro interior elaborando enlaces, y después des enlaces para que después re enlaces para que todo nuestro ser desde la cabeza hasta los pies juntamente con los doscientos seis huesos que tenemos cada ser humano, sean integrados para las diferentes funciones, y así puedan el cerebro, corazón, pulmones, y todos los demás sean viables para diferentes funciones, y así ser humano pueda sobrevivir en armonía. Vamos pues todos y cada unió de nosotros, a iniciar un nuevo camino, rumbo a la Cima, para estar todos y cada uno de nosotros en armonía, para un bienestar mejor.

Para ello, debo decirles, que es todo un proceso laborioso, arduo, que para poder llegar hasta la Cima, primero hay que meditar, reflexionar, analizar, que lo que vamos hacer es algo muy serio, no podemos estar jugando, y hay que recordar que tenemos hoy día muchos extractores,(uno de ellos es el celular-Internet), que nos puede desviar de nuestros objetivos, ya que en nuestra mente una guerra, que nos pueden desviar a nuestro objetivo, para ello debemos de estar bien consientes, y firmes, para ir por el camino exacto. Cima, objetivos, analizar, reflexionar, meditar, proceso, mente, extractores, celular-Internet.

Metodología sistemática.

¿Por qué hoy día gobierna el cerebro medial "mamífero, hormonal y sexual"? Estamos viviendo tiempos muy difíciles en todas las áreas de nuestras vidas, cada persona, pueblo, lengua, y nación, estamos actuando muy a la ligera, ya muy pocas personas disciernen, reflexionar, meditan, son servidores de la misma comunidad, ayudan a los demás, dicen buenos días, ¡buenas noches!, ¿cómo está usted? Cerebro medial, hormonal, sexual, gobernar, en lengua, pueblo, nación, hombres, mujeres, hoy día, Sima, egocentrismo, envidia, soberbia, envidia, poder enajenado por doquier. Estamos viviendo tiempos muy difíciles, donde hay muchos extractores, donde nos inclinamos a ellos, y es por ello, que no le damos tiempo a nuestro cerebro humano, donde habita la conciencia, el espíritu de (aliento de vida) y los atributos que son: el amor, la misericordia, el servid a los demás, la sabiduría, e inteligencia, la consejería y el poder, el conocimiento, etc., etc. sin embargo el extracto más terrible y que está de moda es el famoso celular-Internet. Y es qui donde se inicia el gran problema de que el cerebro mamífero, Medial, hormonal y sexual se reactiva con un gran poder, a tal grado que anestesia, congela las funciones del cerebro humano, y es por ello por lo que existe tantos problemas de conducta, de ética, de la conciencia, de humanismo, que vamos rumbo a la Sima, pero rápido, que nos estamos enajenando cada día más y más. Pues bien, ¡Qué podemos hacer! Pues parar por unos minutos día, tarde y noche y reflexionar, meditar profundamente, para poder saber a ciencia cierta de nuestras debilidades, para que se conviertan en fortalezas, pero esto se logra cuándo hay una decisión firme y clara, del cambio interno de todo nuestro ser, sino estaremos perdidos. Deberíamos de enlazar, desenlazar y re enlazar los tres cerebros para que exista una armonía: bio- psico y social. Para una mejor armonía. Es de suma importancia que cada ser humano, enlace cada uno de los cerebros para que se integre, los conceptos del cerebro humano, para que los conceptos que están en este cerebro.

Por ejemplo, el amor, hay que hacer, enlaces con las palabras que integran al amor,

y en su momento será le des enlace, cuando el amor intervenga en cada ser humano para que posteriormente se re- enlace el amor con sus preceptos indicados. Amor, enlaces, des enlaces, reenlaces, complemento, sentimientos, sensibilidad, integridad, cerebros, humano, mamífero y el reptiliano.

Nacemos integrados, porque nuestros nervios, arterias, venas, arteriolas, vénulas, tejidos, aparatos, sistemas trabajan en nuestro interior elaborando enlaces, y después des enlaces para que después re enlaces para que todo nuestro ser desde la cabeza hasta los pies juntamente con los doscientos seis huesos que tenemos cada ser humano, sean integrados para las diferentes funciones, y así puedan el cerebro, corazón, pulmones, y todos los demás sean viables para diferentes funciones, y así ser humano pueda sobrevivir en armonía. Y lo hace cada segundo, cada minuto, cada hora, cada día, cada semana, cada mes, hasta que ya dejé de vivir la materia orgánica e inorgánica. Nuestra Masa Encefálica está integrada por tres cerebros, y cada uno tiene sus funciones específicas, para poder seguir con vida todo nuestro ser, pero cada cerebro tiene sus funciones específicas para el bien o para el mal, ya depende de cada ser humano como qu9ere que trabaje el cerebro humano, o el cerebro mamífero o el cerebro reptiliano, debo decir que el cerebro humano debería de guiar a los otros dos cerebros, pero por desgracia siempre ha existido una guerra interna en nuestro cerebros, ¡quien domina a quien!, y esto depende de cada persona d ellos cuatro vientos. Vamos pues todos y cada unió de nosotros, a iniciar un nuevo camino, rumbo a la Cima, para estar todos y cada uno de nosotros en armonía, para un bienestar mejor.

Para ello, debo decirles, que es todo un proceso laborioso, arduo, que para poder llegar hasta la Cima, primero hay que meditar, reflexionar, analizar, que lo que vamos hacer es algo muy serio, no podemos estar jugando, y hay que recordar que tenemos hoy día muchos extractores,(uno de ellos es el celular-Internet), que nos

Puede desviar de nuestros objetivos, ya que en nuestra mente una guerra,

que nos pueden desviar a nuestro objetivo, para ello debemos de estar bien consientes, y firmes, para ir por el camino exacto. Cima, objetivos, analizar, reflexionar, meditar, proceso, mente, extractores, celular-Internet.

Hay que estar bien conscientes, del paso que vamos a dar todos y cada uno de nosotros, para poder ir rumbo al camino correcto y así poder ser objetivos, y a la vez enlazar nuestras ideas y a la vez desenlazar para que posteriormente nuestras ideas se re enlazadas y así: **Vamos** pues todos y cada unió de nosotros, a iniciar un nuevo camino, rumbo a la Cima, para estar todos y cada uno de nosotros en armonía, para un bienestar mejor.

Creo firmemente que si uno se organiza, y se para en su caminar para meditar y preguntarse: ¿Qué estoy haciendo con mi vida, si ya se, que estoy de pasada en esta tierra, y que un día mi cuerpo que está compuesto de materia organiza e inorgánica, pues tiene que desintegrarse y que solo se van dos sustancias inmortales que son, alma y espíritu, pues, antes de que esta materia se desintegre, debo de dejar huella aquí con la humanidad que se queda, y es por ello debo de meditar y de una vez por todas cambiar de rumbo, a un camino recto, sin envidia ni egocentrismo, sino todo lo contrario. Ir rumbo a la Cima como de ser. ¡Qué podemos hacer! Pues parar por unos minutos día, tarde y noche y reflexionar, meditar profundamente, para poder saber a ciencia cierta de nuestras debilidades, para que se conviertan en fortalezas, pero esto se logra cuándo hay una decisión firme y clara, del cambio interno de todo nuestro ser, sino estaremos perdidos. Deberíamos de enlazar, desenlazar y re enlazar los tres cerebros para que exista una armonía: bio- psico y social. Para una mejor armonía. Es de suma importancia que cada ser humano, enlace cada uno de los cerebros para que se integre, los conceptos del cerebro humano, para que los conceptos que están en este cerebro.

Discusión.

Deberíamos de enlazar, desenlazar y re enlazar los tres cerebros para que exista una armonía: bio- psico y social. Para una mejor armonía. Es de suma importancia que cada ser humano, enlace cada uno de los cerebros para que se integre, los conceptos del cerebro humano, para que los conceptos que están en este cerebro, por ejemplo, el amor, hay que hacer, enlaces con las palabras que integran al amor, y en su momento será le des enlace, cuando el amor intervenga en cada ser humano para que posteriormente se re- enlace el amor con sus preceptos indicados. Amor, enlaces, des enlaces, reenlaces, complemento, sentimientos, sensibilidad, integridad, cerebros, humano, mamífero y el reptiliano.

Hay que reflexionar a cada segundo, a cada minuto, a cada hora, a cada día, a cada semana, en fin, siempre hay que estar meditando de que ¡que hemos hecho hasta hoy con mi vida! ¡Porque no he cambiado, si tengo todas las herramientas en mi cerebro, para decidir qué voy a hacer con mi vida a partir de hoy!

Vamos pues todos y cada unió de nosotros, a iniciar un nuevo camino, rumbo a la Cima, para estar todos y cada uno de nosotros en armonía, para un bienestar mejor

Para ello, debo decirles, que es todo un proceso laborioso, arduo, que para poder llegar hasta la Cima, primero hay que meditar, reflexionar, analizar, que lo que vamos hacer es algo muy serio, no podemos estar jugando, y hay que recordar que tenemos hoy día muchos extractores,(uno de ellos es el celular-Internet), que nos puede desviar de nuestros objetivos, ya que en nuestra mente una guerra, que nos pueden desviar a nuestro objetivo, para ello debemos de estar bien consientes, y firmes, para ir por el camino exacto. Cima, objetivos, analizar, reflexionar, meditar, proceso, mente, extractores, celular-Internet.

Vamos pues todos y cada unió de nosotros, a iniciar un nuevo camino, rumbo a la Cima, para estar todos y cada uno de nosotros en armonía, para un bienestar. Para ello, debo decirles, que es todo un proceso laborioso, arduo, que para poder llegar hasta la Cima, primero hay que meditar, reflexionar, analizar, que lo que vamos hacer es algo muy serio, no podemos estar jugando, y hay que recordar que tenemos hoy día muchos extractores,(uno de ellos es el celular-Internet), que nos puede desviar de nuestros objetivos, ya que en nuestra mente una guerra, que nos pueden desviar a nuestro objetivo, para ello debemos de estar bien consientes, y firmes, para ir por el camino exacto. Cima, objetivos, analizar, reflexionar, meditar, proceso, mente, extractores, celular-Internet.

Hay que estar bien conscientes, del paso que vamos a dar todos y cada uno de nosotros, para poder ir rumbo al camino correcto y así poder ser objetivos, y a la vez enlazar nuestras ideas y a la vez desenlazar para que posteriormente nuestras ideas se re enlazadas y así: **Vamos** pues todos y cada unió de nosotros, a iniciar un nuevo camino, rumbo a la Cima, para estar todos y cada uno de nosotros en armonía, para un bienestar mejor. Nuestra Masa Encefálica está integrada por tres cerebros, y cada uno tiene sus funciones específicas, para poder seguir con vida todo nuestro ser, pero cada cerebro tiene sus funciones específicas para el bien o para el mal, ya depende de cada ser humano como que quiere que trabaje el cerebro humano, o el cerebro mamífero o el cerebro reptiliano, debo decir que el cerebro humano debería de guiar a los otros dos cerebros, pero por desgracia siempre ha existido una guerra interna en nuestro cerebros, ¡quien domina a quien!, y esto depende de cada persona d ellos cuatro vientos.

Hay que reflexionar a cada segundo, a cada minuto, a cada hora, a cada día, a cada semana, en fin, siempre hay que estar meditando de que ¡que hemos hecho hasta hoy con mi vida! ¡Porque no he cambiado, si tengo todas las herramientas en mi cerebro, para decidir qué voy a hacer con mi vida a partir de hoy!

Vamos pues todos y cada unió de nosotros, a iniciar un nuevo camino, rumbo a la Cima, para estar todos y cada uno de nosotros en armonía, para un bienestar mejor.

Para ello, debo decirles, que es todo un proceso laborioso, arduo, que para poder llegar hasta la Cima, primero hay que meditar, reflexionar, analizar, que lo que vamos hacer es algo muy serio, no podemos estar jugando, y hay que recordar que tenemos hoy día muchos extractores,(uno de ellos es el celular-Internet), que nos puede desviar de nuestros objetivos, ya que en nuestra mente una guerra, que nos pueden desviar a nuestro objetivo, para ello debemos de estar bien consientes, y firmes, para ir por el camino exacto. Cima, objetivos, analizar, reflexionar, meditar, proceso, mente, extractores, celular-Internet.

Creo firmemente que si uno se organiza, y se para en su caminar para meditar y preguntarse: ¿Qué estoy haciendo con mi vida, si ya se, que estoy de pasada en esta tierra, y que un día mi cuerpo que está compuesto de materia organiza e inorgánica, pues tiene que desintegrarse y que solo se van dos sustancias inmortales que son, alma y espíritu, pues, antes de que esta materia se desintegre, debo de dejar huella aquí con la humanidad que se queda, y es por ello debo de meditar y de una vez por todas cambiar de rumbo, a un camino recto, sin envidia ni egocentrismo, sino todo lo contrario. Ir rumbo a la Cima como de ser.

Bibliografía.

(Las Sagradas Escrituras- Biblia).

1.- Barraza Cuéllar Armando. (2011). Siete Pasos para llegar a una Enseñanza-Aprendizaje. (Metas para el 2021 en la educación educativa a nivel superior de alta calidad, en el inicio de un pensamiento integral). U.S.A. Editorial Palibrio.

2.- Barraza Cuéllar Armando. (2012) ¡Como que eres maestro! España. Editorial Académica Española.

3.- Barraza Cuéllar Armando. (2012). Vamos pues a integrar: cuerpo, mente y consciencia. España. Editorial Académica Española. ISBN.

4.- Barraza Cuellar Armando. (2012) ¿Cómo le puedo hacer? Yo, para reactivar a mí Cuerpo, a mi mente y a la inteligencia e integrarlos para sus diferentes funciones. España. Editorial Académica Española. ISBN.

5.- Barraza Cuéllar Armando. (2012). Siete pasos para llegar a la consciencia. España. Editorial Académica Española. ISBN.

6.-Barraza Cuéllar Armando. (2012). Los siete procesos de una integridad que es la enseñanza-aprendizaje. España. Editorial Académica Española. ISBN

7.- Barraza Cuéllar Armando. (2019). Enséñame tu, lo que yo no veo.
España. Editorial Académica Española. ISBN.

8.- Barraza Cuéllar Armando (2022). Tu decides, que rumbo tomas.
978- 620-2- 10386-2. Editorial Académica Española. ISBN.

9.- Barraza Cuellar Armando. (2022) Debilidades y Fortalezas para integrar, desintegrar y reintegrar. Editorial Académica española. 978- 620-2- 10798-3. ISBN.

10.- Barraza Cuellar Armando. (2023). Hoy voy a Aprender a Leer. Editorial Académica Española. 978- 620- 2- 11180-5. ISBN.

11.-Barraza Cuellar Armando. (2023). Hoy día es muy difícil encontrar un Amor Sincero. Editorial Académica Española. 978-620-2- 11421-9 ISBN.

Printed by Books on Demand GmbH, Norderstedt / Germany